有趣的
迷恋三元素

恋爱秘籍

源靖◎著

中国铁道出版社有限公司
CHINA RAILWAY PUBLISHING HOUSE CO., LTD.

图书在版编目（CIP）数据

恋爱秘籍:有趣的迷恋三元素/源靖著.—北京：中国铁道出版社有限公司，2019.12（2021.10重印）
ISBN 978-7-113-26174-0

Ⅰ.①恋… Ⅱ.①源… Ⅲ.①恋爱—通俗读物 Ⅳ.①C913.1-49

中国版本图书馆CIP数据核字（2019）第178906号

书　　名：恋爱秘籍：有趣的迷恋三元素
作　　者：源　靖

策　　划：巨　凤　　　　读者热线电话：（010）83545974
责任编辑：苏　茜
封面设计：MXK DESIGN STUDIO
责任印制：赵星辰

出版发行：中国铁道出版社有限公司（100054，北京市西城区右安门西街8号）
印　　刷：三河市兴达印务有限公司
版　　次：2019年12月第1版　2021年10月第5次印刷
开　　本：880mm×1 230mm　1/32　印张：7　字数：195千
书　　号：ISBN 978-7-113-26174-0
定　　价：55.00元

前言

FOREWORD

长久以来，作为一名情感领域的研究者，有一个问题一直困扰着我——如何把抽象且杂乱的情感现象简化为简单的原理，并且加以利用?

这不是偷懒，而是做任何事情都需要用心。但同样是用心，结果却是完全不同的。用同样的方式去“吸引”不同异性，有时候会让他对我们痴迷，有时候则会对我们无动于衷。

回想一下你周围的同性朋友们，可能会发现，并不是条件最好的那个人，就一定能够获得优质的情感生活。

我经常看到这样的女生，也许你就是其中之一——她们的家庭条件还不错，容貌姣好，有着一份体面的工作，但是她们却没能够获得情感上的幸福。即使尝试了网上说的各种方法，但是好像并没有增加自己和异性相处的能力。年龄越大，她们就越是焦虑。她们与那些顺利走进婚姻殿堂的女性们相比，除了运气，是否还缺了些什么?

而那些“异性缘”不怎么多的人，她们在情感里付出的努力也未必就少。

带来这些巨大差异的，不仅体现在用心程度上，还体现在策略和思路上。

如果感情不是一分耕耘一分收获，那么今天我们该相信什么?我们应该如何去理解这场“博弈”的规则?以及，我们能否能够真正驾驭这些规则?

你好，我是源靖，很多女生也喜欢叫我"源姨"。当然，这只是一个反性别的戏称。

我 20 岁那年开始在大学里研究两性关系。两年之后，我已经知道了很多关于"制造吸引力"方面的方法。但是，由于各个技巧之间都杂乱无章，我就想有没有一个方法论能够把这些方法都串联起来，方便我自己记忆和运用。

于是我找来了纸和笔，把我所有能想到的关于制造吸引力的技巧和方法都列了出来。我写了整整一周时间，一共 18 页 A4 纸。然后我花了将近半年的时间不断地往里面填充新的方法。并且在这半年里，把它们一一归类，试图找出其中的规律。

对于我来说，这并不是一个非常痛苦的过程。因为那是我那段时间里唯一热衷的事情。

最后，我发现了它们的背后往往都有一条隐藏的逻辑。但以我那个时候的经验和知识储备，无法将这些逻辑清晰地表达出来。

直到 2016 年下半年，在我的第一本书《女生密码》顺利出版之后，我开始重新拾起这个未完成的任务。

借着这些年在情感行业的摸爬滚打，我积累了大量的案例和素材。我不仅教过女学员，在更早的时候，我还教过很多男学员。我认为这是我巨大无比的一个优势和财富，因为它能够让我无死角地看到男人和女人最真实的一面。

然后我把 8 年前那个模糊的框架进一步的完善，于是就有了你今天看到的这本书——《恋爱秘籍：有趣的迷恋三元素》。

这本书里的每一个字都在围绕一个简单又复杂的事情——制造异性对你的感觉。

当然，它也会颠覆一些你的传统观念。我不敢保证每一个阅读本书的读者都能够完全接受。不过我还是选择写出来，因为我坚信，只要我说的是真实的，就一定会对你有帮助。

感谢我的文字助理小爱，她帮我承担了一部分收集素材和整理的工作。

两性关系是一片汪洋大海。正如我们对海洋的认知只有 5% 那样，还有很多我们弄不明白的事情需要去探索。所以我也需要继续做好我的情感探索，欢迎关注我的微信公众号“源姨”。

目录

CONTENTS

第一章 要做情场赢家的你，不能被单身困住

第二章 让男人对你产生迷恋的三元素（氛围、共鸣和欲望）

第三章 三元素水平，决定了你的桃花运

第四章 最深刻而原始的吸引力——欲望

第五章 和男人拉近关系的关键——氛围

第六章 让他认为你“懂他”的技巧——共鸣

第七章 不同恋爱场景下，三元素如何助你制胜情场

第八章 “三元素”的升华

后记 我想对你说：

第一章

要做情场赢家的你，不能被单身困住

这个世界上真的存在一种女孩子，她们不一定特别出众，可能有点微胖，脸上有小雀斑，眼睛不够大，鼻子也不够挺……但她们总不缺男朋友。当然，也存在着她们的反面，有着稳定的收入和工作，但却苦苦追求爱情而不得。

1.1 每个人都有追求幸福的权利

很长一段时间以来，我都在思考一个问题。如果另一半对于我们而言至关重要，直接或间接地影响着我们后半生的幸福，那么为什么从来没有人教过我们如何与他们相处？我们又该去哪里学习这种“技能”？

1.1.1 你也被电视剧“忽悠”过吗

在学校里以及在家庭中，绝大部分的人都在回避情感这个话题。然而从闺密们的聊天中，会发现，我们并没有忘记这件事，相反，我们对它极度着迷。

有些人说他们是从电视剧和小说里学习如何谈恋爱的。这听起来似乎有点荒唐，但也无可厚非，毕竟这是我们能最快接触到的爱情模板。

这种学习方式并不是女生的专利。

我在上大学二年级时，曾经追求过一个同校的女生。我绞尽脑汁地思考各种各样的表白桥段，最终，我决定学习某部电影里面男主人公说的一段台词，练习了很多遍后，在某天的晚上，我亲口对那个女生说出了那段电影里的台词。

现在看来，结果是显而易见的。女生一脸茫然地看着我，仿佛在听外星语言，最后给了我一张好人卡。

我大哭了一场，然后把理智找了回来，开始分析为什么我会失败，以及为什么我会选择这么一段“蠢得要命”的台词。

归根结底，电影中的人物和我们不一样，他们经历过相识、相知、分离和重逢。而我和那个女生，在一起说过的话加起来都不到 50 句。当时为什么我会这么做呢？很简单，因为从来没有人教过我该如何向女生表达自己内心的想法。

我曾经听过这么一句话，“写给男生看的小说基本是男主家财万贯，妻妾成群；而写给女生看的小说基本是男主家财万贯，却偏偏喜欢上了平平无奇的女主。”然而现实里也是如此吗？

1.1.2 童话里的爱情

大家一定熟知《灰姑娘》的故事。多少年来，它都在试图告诉我们一个道理，心地善良的好姑娘自有王子垂青。可是，你可能忽略了一个事实——那就是吸引王子的有可能不是灰姑娘本身，而是变成了公主之后的灰姑娘。

试想一下，就算灰姑娘能够跻身王子的聚会，然而没有华丽的衣服，没有水晶鞋，也没有南瓜马车的她，只是一个灰头土脸的姑娘时，王子还会看她甚至爱上她吗？

童话就是童话，灰姑娘的幸运不会降临在你我头上，现实要残酷很多。影视、文学作品中的剧情本来就是极少概率事件，但如果你要用它们来指导你自己的感情甚至是生活，那就荒唐了。毕竟，我们不能用 **1%** 的案例来指导 **99%** 的人。让我们来看下面这个例子：

有一个女生说，她和喜欢的男生相识于联谊派对，因为两个人都在同一个学校，时常能见到面。每次见面聊天的感觉都不错，但认识已经一个多月了，男生并没有主动对她进行下一步的表示，没有提出和她单独约会，也没有索要她的联系方式和她线上聊天。

女生带着疑惑来问我："这个男生是不是对我没什么兴趣？"

这个问题非常具有代表性，几乎每周都会有女生向我提出类似的问题。

女生先天比较敏感，会先捕捉到心仪的男生在和她相处时的一些细节，比如男生不提出约会，不主动发消息，不主动表白，或者不主动索要联系方式。

这些细节会让她们开始猜测，男生是不是不喜欢自己。然后，她们就会把这个猜测的结果告诉我，让我帮助她们判断。

但其实，提问问题也是有技巧的。

比如这句话"这个男生是不是不喜欢我？"

当我看到这个问题，那我只能给出两个答案——是，或者不是。

提问者得到这个答案有什么意义呢？她们知道了"对方喜欢我"，照样不知道该怎么破解"他不找我约会 / 不发消息 / 不表白 / 不要我联系方式"的原因；她们知道了"对方不喜欢我"，就更陷入手足无措的慌乱中，对自己面临的问题无计可施了。

很多女生都有一个误区，即在尚未和男生确立男女朋友关系，甚至两个人还不怎么熟悉时，会根据自己的直觉把男生的行为归为“喜欢”或者“不喜欢”自己。

如果内心里觉得，他不喜欢自己，女生就会表现出失落、纠结、难受、患得患失……然后就会被情绪掌控，做出一些不妥当的事情，比如冒冒失失地向对方表白，说一些模棱两可的话，或者毫无征兆地删除对方联系方式等，反而让两个人的关系变得尴尬。

1.1.3 那些经验丰富的女孩

恋爱经验丰富一些的女生在遇到心仪的男生时，她们会怎么做呢？她们基本上不太会纠结于“他这么做是不是喜欢我”的猜测中，而是会提出这样的问题“我该怎么做才能和他聊下去 / 约会 / 更亲密 / 在一起？”

不同的提问方式的背后，折射出的是截然不同的思维方式。

“他是不是喜欢我？”的思维方式，是把主动权交给了对方。提出这类问题的女生，答案在对方的脑子里，无论对方“喜欢”还是“不喜欢”，她都只能被动接受，没有办法做出实质性的改变。

而“我该怎么做才能让他喜欢我？”的思维方式，是把主动权掌握在自己手中。提出这类问题的女生完全可以发挥自己的主观能动性，靠自己解决，无论对方给出的反馈是什么，她们都还有机会见招拆招。

哪一种思维方式对自己更有利，答案显而易见。

不管是男人还是女人，都不要轻易去猜测对方是怎么想的，一方面你很难猜中；另一方面，即使猜到了又能怎么样呢？

他当下的想法如果就是“不喜欢你”，你费尽心思猜到这个答案，难道就可以水到渠成地去改变他的想法，让他变得“喜欢你”吗？

事实是，如果你暂时搁下对他的猜测和判断，转而着手去改变你们的相处方式和相处状态，反而很有可能在潜移默化当中改变他的想法。

当他发现和你相处得很开心、很有意思、对你有感觉时，他自然会从“不喜欢你”变成“喜欢你”。

恋爱也是社交的一种，更是一门学问。对于很多女生来说，爱情是一生中最重要的事情，所以要掌握正确的恋爱方法。因为错误的方法重复 1000 遍，最终还是错误的。

如果这个时候，你的脑海中冒出“要如何让他对我有感觉？”这个问题。那么我想说，这本书，你看对了。

1.2 能够克服“凭感觉”恋爱的女生，都收获了幸福

生物学家对“恋爱状态”的男女做过研究，在亲密关系中，我们的神经系统实际上经历了一种化学反应。这种反应是源于我们大脑的脑边缘区域，正是这一区域让他/她产生了愤怒、狂喜、悲伤等情绪。

1.2.1 捉摸不定的感觉

我以前说过一句话，“遇到不爱的人游刃有余，遇到有感觉的人智商归零”。

调查人员拿恋爱中的男女和患有轻度精神疾病的病人做过标准的对照，然后他们惊讶地发现大部分恋爱者的特征与强迫症、抑郁症或者狂躁抑郁症的患者都有类似的表现——在深夜失眠，莫名的亢奋以及厌食等。有些人甚至会跟踪、窃听对方，用黑客手段查对方的邮件和短信记录。

毫无疑问，这些都是游离在理性之外的行为，通俗一点就叫作被爱情冲昏了头脑。也许在你看来这些没什么，但当我们自己成为局中人的时候，事情就很棘手了。

你可以想象一下，你今天走在路上遇到了一个帅哥，一路上你的脑

海中都是他的样子，甚至在晚上睡觉前你还在想那个场景。第二天当你一觉醒来时，或许你就再也不记得这件事情了。

所以，你可以看到“感觉”是真实的，但往往也是短暂的。他只在我们的潜意识层面不动声色地影响着我们的行为。感觉通常是一种缺乏理性的热情，是一种琢磨不定的、虚无缥缈的状态。

爱的开始一定是重“感觉”的，就像很多女孩子所向往的那样，最初爱上一个人，不是因为他有多么优越的条件，而是因为那天的天时、地利一切刚好，他的出现正好拨动了你的心弦。

这种电光火石与乍见之欢，让你心动、沉迷。但这样的“爱”，本质上还是由多巴胺和肾上腺素来催动的，这种单纯的愉悦感给了你一个看似完美的舒适区，可是它本质上却不堪一击。

当多巴胺的力量消退，反复不断的争吵、难以自控的猜疑和乏味无聊的时光，都像是退潮之后的礁石一样，慢慢浮出水面，令人触目惊心。

1.2.2 理性可以制造奇迹

事实上，没有任何一段感情是可以脱离理性的。我一直强调，与其解决问题，不如绕过问题。而要绕过问题，就需要你时时刻刻地审视你们之间的关系，并且做出调整对策。而这就是一种理性。

你可以问自己很多问题，比如你喜欢他的原因是什么？这个原因是否还存在？你对他的不满是什么？如果他的缺点很难改正，你是否愿意因为他的魅力而做出妥协？

这些问题也许会让你觉得很难回答，甚至让你在思考的过程中更加痛苦，但如果你真的想明白了，很多让你觉得束手无策的问题都会随之迎刃而解。

如果把爱比作一艘航行中的船，“感觉”就像是燃料和风帆，足够让船扬帆起航；而“理性”就像是航线和方向，让船驶向正确的目的地，避开风浪和暗礁，甚至在适当的时候停泊靠岸。在航行的过程中，希望你不仅看见星辰大海，也能够留意到背后的暗流涌动。

而这本书的目的，就是教你如何通过理性、可捕捉的方式来制造男女之间的感觉。它将不再会是无迹可寻的，而是会变得清晰、透明。

1.3 所谓的"直觉"，我们该相信吗

试想一个问题：一个你心仪的男生主动加了你的微信，但是却没有主动联系你。这个时候你应该怎么办？是主动给他发信息，还是一直等，等到他先联系你？

很明显，主动发信息会让你在立场上有些弱势，但是等待的结果可能会是漫长无期。

不同的做法会导致不同的结果，究竟哪种才是对的，你又该如何选择？

1.3.1 无头苍蝇

曾有一个女生跑来找我求助，她说她和某男生约了周末一起吃饭，这是他们第一次约会，希望我能给她一点帮助。我结合她之前告诉我的男生的性格和喜好，给了她一些建议，包括服饰、妆容、表现出的性情和状态，以及可以谈论的话题等。

最后这个女生跟我说，这些步骤对她来说实在是太过烦琐，让她觉得很累，压力很大。

"就不能自然一点，让他喜欢我本来的样子吗？"她说。

关于这个问题，我先暂不做回答。

我见过非常多的女生，在面对感情时会犯类似的错误：和喜欢的男生“交浅言深”，在关系还没到位的时候就急于暴露需求感，甚至贸然表白；恋爱之后完全失去自控力，明明不舍得分手却总是用“提分手”的方式考验对方；两个人出现感情危机的时候，完全被自身的情绪所控制，所作所为根本不经过思考。

其问题本质就是完全凭“直觉”做事。

很多领域里面都有“标准化”的概念。比如，生产一粒扣子，首先你得有一个模具，然后把材料放进去再压出扣子。除非你的模具坏了，正常你压出的扣子一般都是合格的。

但在两性关系上，人们却很难去标准化自己的行为——因为你不知道即将要做的这件事是拉近你们的距离还是让你们的距离变得疏远，它究竟是对是错。

1.3.2 直觉是如何欺骗你的

让我们来看一个例子：

假设你和一个男生谈恋爱了，过了一段时间之后他对你越来越不上心，以前每天都会打电话，现在就连说两分钟话都嫌久，这该如何是好？

在我的学员群里就讨论过这个问题。有的人说，要把他晾在一边，过一段时间，他就变得主动了；有的人说要直接告诉他，你不喜欢他这样，如果他还是不冷不热就直接提分手；还有的人说，这种男生不值得爱，早分手早解脱。

如果你是这个求助者，你应该听谁的，或者你会选择怎么做？

她们说的似乎都有道理，而你最后很可能会根据你自己的“直觉”

选择一个你“觉得”最正确的方法去做。

下面我们来做一个小测试，希望你能单凭直觉来回答下面这个问题：

球拍和球一共要花 11 元，

球拍比球贵 10 元。

问：球多少钱？

你的答案是不是 1 元？

这道简单的难题之所以与众不同，就在于它能引出一个直觉上吸引人但却错误的答案。计算一下，你就会发现，如果球要 1 元，那么一共需要 12 元才对，所以正确答案是 0.5 元。

看到没？直觉往往是对的，但是也会出错。由于直觉的正确率还可以，但认知精力非常短缺，人类在进化中逐渐形成了一个本能，就是容易过于相信自己的直觉。通过直觉能给出答案的问题，我们会很少去思考。于是出现的情况就是：直觉出错了，但我们却察觉不到。

很多人对另一半的理解往往也会陷入这种“直觉陷阱”。当姑娘们听到一些说法，然后直觉上觉得其结论正确时，就很可能会相信这个结论的论证，哪怕论证是根本不对的。

让我们来看下面这几句话：

男人和女人完全是两种不同的动物；
男人理性，女人感性；
男人总是三心二意，吃着碗里瞧着锅里；
男人对性生活需求很高；
男人比女人会赚钱；
双鱼座的男生都很花心，双鱼座的女生都很温柔。

如果你的直觉告诉你，这些结论是正确的，那我只需要说出一两个实例，很多人就会深信不疑，而不会去反思这个结论有可能是错的，或者是以偏概全的。所以，根据“直觉”给出的答案，未必就是正确的，也是需要认真思考的。

1.3.3 给你的脑袋装点新东西

我认识一个很多年的女性朋友，她自身的条件不错，谈了几次，但是每段恋爱都没办法维持半年，对方就对她严重的情绪化难以忍受。

在她又一次因为失恋来找我借酒浇愁的时候，我问她：“有没有思考过，为什么这么多次恋爱的持续时间和分手原因都是差不多的？”

“因为他们不能接受我本来的样子啊，他们都觉得我太情绪化了，可是这不就是真正的我吗？”她说。

我追问她："那你自己喜欢你当下的样子吗？"

她沉默了，放下了手里的酒杯。迟疑了一会儿告诉我，她很多时候，也对自己强烈的情绪化感到厌恶和排斥。

"如果我真的喜欢自己这样，也不会每次失恋都这么痛苦了吧——只不过我总是觉得，这样才是真实的我，我不应该为了某个男人而改变。"她说。

"但是，生气会无理取闹，吵架会闹分手，失恋了会放任自己喝得烂醉，这些一点都不特别。而如果你能够让自己不被情绪控制，理性地对待感情，这才是你经过成长和进步打造的独一无二的自己。"我对她说。

所以，能够克服"直觉导向"的人，往往会在两个人的相处中获得更大的回报，这一点非常重要。

很多女生会问我关于恋爱关系中高低位的问题，她们最不能理解的是，为什么一开始男生会狂热地追求她们，确定恋爱关系后男生也是百般呵护她们，但到了感情的后期她们却越来越没有安全感，甚至莫名其妙地"被分手"，不得不低位求复合。

其原因就是，男生往往更擅长克服本能做事——大部分男生看似"狂热"的追求背后，其实大多隐含着严格的投入产出比，这点是很多女生都不知道的。

也正是因为这样，总有女生疑问为什么男生可以追求自己到一半的时候突然戛然而止，或者在恋爱状态中出现这样的情况——昨天是恋人今天说分手就分手，原因非常简单，因为他们认为，他们在这段感情中已经无力或者不愿意再投入更多的成本。

或者说，即使在某个阶段男性被荷尔蒙控制，做出一些不理智的行为，他们也更能够及时调整自己。这种强大的控制力，让他们在两性博弈当中逐渐把控住节奏，慢慢回到了高位上。

有一个健身软件的宣传口号一度流传得很广，叫作“自律给我自由”，也正是这个道理。

作为男性我想说，女性想要长期维持情感中的高位，其实远比男性更容易。女性在感情方面要比男性敏感且有天赋，只要能够稍微拥有一点点的自制力，关注到更多“直觉”和“情绪”之外的部分，就可以保持女性在两性关系中的优势。

所以，学会“不依赖直觉”是很有必要的。我们应该加入更多理性，把恋爱当作是一件极为重要的“任务”去看待，就像我们去面试一份工作时会做各种各样的前期准备一样。恋爱也是一件需要用心且用脑的事情。

只要我们待人真诚，不虚伪，那么帮助我们走向幸福终点的事情，是非常值得去做的。

1.4 男人比女人理性？错！

我曾经看到一个街头采访视频，问题是："如果你离婚了或以后离婚了，你会选择孩子还是房子。"视频中一半男人给出的答案是："要房子，房子很贵，孩子还可以再生。"视频中每个女人给出的答案是："要孩子，孩子是生命的延续，房子是'死'的。"

1.4.1 男人的理性，不过是装出来的

为什么男人总是那么理性，感性的都是女人呢？

这个问题有一个很官方的答案，因为男女的思维模式不一样，男人本来就更偏向逻辑思维，而女人更注重感情，更情绪化。

从心理学上讲，男女的思维模式的确是有差异的。也正是因此，两性著作《男人来自火星，女人来自金星》才会引起那么多人的共鸣。

那么，男人是如何做到即使陷入爱情还是那么理性的？女人有没有可能也做到同样的理性？

男人的理性很大一部分都是社会强加的。当一个小女孩受到委屈哭泣的时候，更多家长愿意用柔软的方式来应对。而当一个小男孩出现同样的情况，他更有可能听到的是父母对他说："男孩子不可以哭，要

坚强。”

很多男人在孩童时代就已经开始面对这种被预设好的社会期待：女人柔软一点，情绪化一点没有关系；而男人必须要坚强，不能脆弱。

在接受咨询的过程中，我在各种各样的情感群里发现了一个有趣的现象：很多女性会把微信群当作是自己的一个情绪出口，将自己的一些负面情感经历诉说出来。例如，一个女生说到他是如何被男朋友抛弃并伤害的故事时，群里的氛围会变得凝聚起来。大家通常会安慰她、鼓励她，甚至同仇敌忾地谩骂。

而在男生居多的情感群里，则极少出现这样的情况。因为男人们通常不会把自己“被甩”以及其他负面经历说出来，也不愿意被别人同情。

所以，随着环境的变化和人类习惯的养成，男人通常不得不表现得更加理性和刚毅。

1.4.2　恋爱里的“丛林法则”

很多女生都喜欢看“治愈系”的文章，这些文章都有一个共性特征“让你被治愈”。特别是情绪有波动时，会暗示你，你的难过、脆弱和感性是正常的。当然，文章里面的观点或许是有道理的，但是我建议女生别看太多，会让女生更加把自己的“不理性”合理化，更加沉浸在负面的情绪状态里。

女生越认为自己情绪化是理所应当的，就越不可能像男生一样理性地看待问题、看待感情。这其实是另外一种“性别刻板印象”，和“女性停车位”一样，是一种看似温暖和体贴的束缚。

我先后从事过男性和女性的情感教育，爱情的世界看似风花雪月柔软旖旎，本质上一样是遵循丛林法则的，一样是崇拜强者的。

当你爱上一个人的时候，你的害羞和躲闪没有用，主动出击才有用；当你和他坠入爱河的时候，你无底线地牺牲和付出没有用，保持魅力坚守底线才有用；当你不幸遭遇分手的时候，你的伤春悲秋以泪洗面没有用，比他更勇敢更潇洒才有用。

所以，我希望女生在意识到“男人面对爱情好像比女人更理性”的时候，能够主动地去学习和靠近这种理性的状态。因为谈恋爱虽然是一件感性的事，但尤其需要理性来保驾护航。

1.5 忘了“你想做什么”，记住“你该做什么”

如何在 3 个月内考到潜水执照？如何在 1 年内赚到 100 万？如何让人事部的小王喜欢上自己……

要做到这些“如何”，其实并没有你想的那么难。第一件事，也是最重要的一件事，就是确定你的目标。这也叫结果导向，是一种非常高效的思维方式。

1.5.1 你为了什么而聊天

如果你告诉自己今年要赚很多钱，那么，我想到最后你的这个目标很难实现，因为你都不知道你具体要赚多少钱。

如果你告诉你自己今年要赚到 100 万元，那么平均算下来，一个月要赚 8.3 万元。虽然你现在每个月只能赚到 5 万元，但你只要想出每个月多赚 3.3 万元的办法就可以了。

结果导向旨在先确定你想要的结果。然后制定计划，逐步完成。你做的每一件事，都是为了达到这个结果。如此一来，你就能走在正确的轨道上保证不犯错。

假设你对一个男生有了好感，你做的第一件事情会是什么？不出意外，绝大多数人会选择微信聊天。

但问题来了，聊什么？

很多女生跟我抱怨，她们在和男生聊天时找不到话题。归根结底，当你为了聊天而聊天时，你会失去方向。

换句话说，如果你把你的目标只限定为跟他取得联系，那么你只需要做“主动对他发信息”这件事情就可以了。

但很显然这不是我们的目的。如果现在我们来给自己定一个新的目标，用结果导向来解这道题。又会如何？

简单一点，你可以把目标定为今天我要让他在微信上和我聊至少三个话题，并且不冷场。

那么接下来要做的第一步就是准备至少三个以上的话题，而且一定要在开始聊天前就准备好。这并不难，比如身边发生的事情或者跟他产生过的所有互动，你们都说过什么做过什么。再比如娱乐新闻或者星座等话题。总之，三个话题不会很难。

第二步，要保证我们的聊天不会冷场，即对你聊的话题了如指掌，如果你有什么不清楚的可以直接去网上查资料，或者先找朋友聊聊这些话题，当作一个练习。

第三步，自信地开始今天的微信聊天，一切都会变得简单。

上述就是结果导向思维的妙处所在。

1.5.2 为结果而努力

只要你的目标定的合理，你很容易顺藤摸瓜地找出对应的策略和方法。然后放轻松，去做就可以了。

有这样一个故事：一个小和尚担任撞钟一职，半年下来他觉得无聊至极。结果有一天住持宣布调他到后院劈柴挑水，原因是他不能担任撞钟一职。小和尚不服气就去问：“我撞的钟难道不准时，不响亮？”老住持耐心地告诉他：“你撞的钟虽然很准时，很响亮，但钟声空泛、疲软、没有感召力。钟声是要唤醒沉迷的众生，因此你撞出的钟声不仅要响亮，而且要圆润、浑厚、深沉、悠远。”

为什么小和尚不能胜任撞钟一职？因为小和尚在这里就是在做任务——撞钟，他以为这就是住持与众生想要的结果。但住持与众生真正想要的结果不是撞钟，而是唤醒沉迷的众生！撞钟是任务，唤醒沉迷的众生是结果。要撞的唤醒众生，就要用唤醒众生的方法去撞。

小和尚因为没有领悟到住持的目的，只是单纯地为了完成任务，所以，他撞了半年，也浪费了半年，最终还是没有获得成功。

在感情里，我们就是这个小和尚，我们要清楚我们的目的是什么，想要什么，接下来才是去寻找对应的方法策略。不然的话，很可能只是徒劳而已。

理性的人会时刻意识到，他们的行为都必须指向他们想达到的结果。保持这种思维方式，可以很大程度避免你明明只是想让男友给你道个歉，却非要用分手来威胁他，最终导致真的分手这一惨痛事件发生。

这种思维方式也会是这本书的指导思想。如果你现在能够跟着我的节奏，慢慢地适应这种思维方式。那么相信我，你能够很轻松地学习到后面的干货内容，并且把它们应用在和异性的互动上面，轻松地吸引到异性。

第二章

让男人对你产生迷恋的三元素（氛围、共鸣和欲望）

试想一个男人，他其貌不扬，穷凶极恶，草菅人命，亡命之徒。

请问，你会喜欢甚至爱上他吗？

我想没有一个女生会喜欢这样的男生，大家会认为这是一个根本不需要去思考的问题，直到她们患上斯德哥尔摩综合征。

1973 年 8 月，在斯德哥尔摩，一群银行职员被劫持为人质，长达 6 天。举世震惊的是，有些人质竟然对劫匪心生好感，甚至在劫匪被捕后，出面为他们辩护。人质中一名女职员 Christian 竟然还爱上劫匪 Olofsson，并与他在服刑期间订婚。

在随后更多的类似案件中，科学家和心理学家慢慢地发现了其中错综复杂的原因。最后他们得出一个令人毛骨悚然的结论：人是可以被“驯养”的。

没有人天生就患有斯德哥尔摩综合征，就像没有人天生就是坏人一样。但是学者们发现，只要满足一些极为苛刻的条件，人就会患上斯德哥尔摩综合征。斯德哥尔摩综合征的特征有以下几个：

① 人质必须有真正感到加害者（绑匪）威胁到自己的生命。

② 在遭劫持的过程中，人质必须认出加害者（绑匪）可能略施小惠的举动。

③ 除了绑匪的单一看法之外，人质必须与所有其他观点隔离（得不到外界的信息）。

④ 人质必须要相信，逃脱是不可能的。

在这四个特征都满足的情况下，人质就会对加害者（绑匪）产生依恋和感情。

如果说，在某些条件被满足的情况下，你就会喜欢甚至爱上我刚才描述的那个亡命之徒。那么面对你喜欢的男人呢？是不是满足了一定条件，他也会喜欢上你？

很幸运，答案是肯定的。

2.1 透过现象 揭开两性魅力吸引的本质

男人和女人从陌生到吸引，有无数个理由；男人不喜欢一个女人，也有无数个理由。去除所有的客观原因，我把这些理由归纳成 3 个元素。只要在价值匹配的情况下，只要能够满足这 3 点，那么这两个人一定会互相吸引，互相喜欢。

它们分别是：**欲望**（Libido），**氛围**（Atmosphere），**共鸣**（Sympathy）。

2.1.1 欲望（Libido）

在电影《泰坦尼克号》里，Jack 第一次在甲板上走近 Rose 的时候，就是被 Rose 的婀娜身姿激发了欲望。他就那么神不知鬼不觉地走过去了，他不知道会发生什么，也不愿去想得那么复杂，就是一种本能的冲动。就像在我们饿的时候，看到任何能填饱肚子的食物我们都会本能地拿过来享用一样。

Libido 这个单词的中文翻译叫“力比多”，也叫性原力，英文翻译是：本能冲动，性欲的意思。精神分析学认为，力比多是一种本能，是一种力量，是人的心理现象发生的驱动力。我认为这个意思在这里是非常贴切的。

如果要用一句话来定义这里的“欲望”，我认为是一种始于性别的，原始的，没有理由的，不受理性控制的，让人想要接近你的冲动。

欲望的表现包括但不限于：

想见到你；

想听到你的声音；

亲密接触；

想牵你的手，拥抱你；

想要闻你皮肤，头发的味道；

想要和你坐得更近；

想要注视你；

想要看你的照片；

……

也许你已经发现规律了——想要接近的主体必须是“你这个人”，而不是除此以外的任何东西。比如，和你聊亲密的话题不一定是对你有欲望，可能只是基于普通的交流和学习。但和你聊关于“你”的亲密话题那就是实实在在的欲望，你是亲密话题的主体，这就是区别。

2.1.2 氛围（Atmosphere）

Atmosphere 有氛围、基调、风格的意思。

同样用一句话来定义氛围就是：除去所有客观因素，你和对方在一起相处的综合“感觉”。

这里之所以不用“Feeling”这个词，是因为我们通常说的“和一个人在一起的感觉”就已经包含了你们在一起的所有因素，甚至连你们看的电影题材和天气是否晴朗都会影响到你们之间的感觉，所以这样太笼统了。

这里说的“氛围”仅仅是指你们的“对话聊天”和“行为互动”。为了区分方便，这里用了“氛围”这个词。

很多时候我们担心，应该说些什么才能让对方感觉到和自己在一起更舒服（愉快）。比如对方随意说的一句话：“你平常都干些什么啊？”

我们都可能会纠结如何给对方一个“最大可能让对方对自己产生好感”的回答。其实不管这句话怎么说，完全不会左右双方整体的关系，就像是一滴墨水不足以让整杯水变浑浊一样。

在这里，更重要的是彼此之间的整体氛围。正如我们上面提到的，它可以拆解为两个方面：

① 聊天对话；

是否“聊得来”决定了彼此之间最初的印象，这关系到对方愿不愿意和你出来约会，以及和你进行更深层次的交流。

② 面对面的行为；

英国的社会学家 Zygmunt Bauman 曾经做过一个调查。他列出了包括羞涩、外放、内敛、活力等 17 个形容女人的词汇，然后让 300 位不同年龄层的男人选出最喜欢和最不喜欢的形容词。

在最后的结果中，最受欢迎的词是“有创造力”，而最让他们讨厌的词是“呆滞”。

对于这个结果，我深以为然。“有创造力”可以等同于另外一个词——“有灵性”，这意味着一方可以发现一些小的事情，并且通过某种加工，将其变成彼此甜蜜回忆的一部分。

假设我们在约会的时候，有一些话想跟对方说，但又说不出来，绝大多数人会憋着，然后回家用微信将其发出来。

一个良好“氛围”的约会又会是怎样的呢？

有一个很好的例子，就像电影《从你的全世界路过》中的幺鸡和陈末一样。

同为电台主持人的他们下班坐在地铁里，相对无言。就在这个非常尴尬的时刻，陈末装成听众拿起手机装模作样地带着节奏说："喂，幺鸡姐吗？我刚才看到我闺密的男朋友，约别的女孩子在电影院看电影，我要不要告诉我的闺密呢？"

幺鸡回复："如果是我的话，我就告诉她……"

然后，两个人轮流扮演听众，另一个人扮演他们的本职工作，即电台主持人，玩起了"热线解答"的互动游戏。

幺鸡问陈末："你还喜欢你之前的搭档小容吗？"

陈末回答："谁喜欢他呀，那个笨蛋。居然敢抛弃我，真的是猪油蒙了心，脑子勾了欠了。"

本来是一句难以启齿的"你还喜欢你的前任吗？"，就这样在角色扮演的轻松氛围里，被当作游戏轻松地说了出来。这种方式不仅轻松避免了尴尬，而且还很好玩，是一个非常高效的提升两人约会氛围的方法。

归根结底，所有这些能够让彼此都感觉到愉悦、好玩、开心的行为或是聊天，就是"氛围"。

由于社交软件的便捷性，有些人认为"聊天对话"的权重会超越"面对面行为"，他们会希望在社交软件上经常聊天，从而喜欢上彼此。而事实上，行为（包括面对面讲话）比远程聊天对话更能给人冲击力，它更强烈，也更持久。而且这两者缺一不可。

2.1.3 共鸣（Sympathy）

共鸣，是指一种以情感纽带为基础的情感联系方式。这里的 Sympathy 解释为：同感、同情、同理心、和谐的一致。

共同 / 类似的经历并不能算作是共鸣，比如：

A. “我之前在美国念书。”

B. “是吗？我之前也出国念书了，只不过是在日本。”

例子中，A 和 B 都有出国念书这个经历，但却不能把它看成是两者之间的秘密纽带。因为现在大城市里每 12 个家庭里，就有 1 个孩子出国念书。

既然是纽带，那一定是精神层面的沟通，而这种沟通靠的不是简单的话题内容，一定要有情感带入。让一个男生最快记住女生的方式是在他的内心对这位女生留下剧烈的情绪体验。

还是拿上面的例子来看：

A. “我之前在美国念书。”

B. “是吗？我之前也去了日本，那绝对是我生命中最艰难但又最幸福的时光。”

A. “你都经历了什么？”

B. “……”

A. “我也这么觉得，人们都羡慕出国留学，其实冷暖自知，唉。”

在这段简单的对话里，“那绝对是我生命中最艰难但又最幸福的时光”和“其实冷暖自知，唉”就是明显带有情绪能量的话，而不是仅仅在叙述一件事情。它们往往以一种感悟的形式出现。

再看另外一个例子：

A. “我真的接受不了她出轨，她是我这辈子唯一真正爱过的女人，我想我以后都不会像爱她这样去爱一个人了。”

B. “我想我懂，我之前遇到过一个男生……前一秒我恨不得拿刀去砍他，后一秒又会想，砍了又怎样呢，他也不会再回到我身边，我已经永远失去他了。”

上面这段对话中，都明显带有一种“情绪能量”，而不是简单地说事。

真正的共鸣不是“I know（我知道）”，而是“I feel（我感受到）”，是一种感受。当你的感受和他的感受是一致的时候，就是你们产生共鸣的时候。

值得一提的是，文字和语言对于情绪的承载能力是不同的。文字最弱，语言稍好一些，因为能听到说话人的语气和语调。最好的方式是面对面沟通，这样不仅可以听到对方说话的语气语调，还能看到对方的神情和肢体语言。所以，如果有见面的机会，就别去打电话；如果可以打电话交流，就别发文字。

如果把共鸣比作一根有形的绳子，那么一方的话题深入的越多就等于这根绳子有好多股，而每次的情感带入就像这根绳子拧的力道就越大，而每次去构建共鸣时的情绪能量就像一双无形的手去把每股细小的绳拧成结实的绳子，让这个共鸣成为每根绳子间的纽带，紧紧地联系着彼此。

2.2 如何运用三元素让自己快速拥有吸引力

前面我们讲解了 L、A、S 三元素的精确含义，接下来，我们讲如何利用这三个元素让对方喜欢上你。那么这三个元素是如何运作的呢？如何驾驭它们呢？

2.2.1 发生关系后就会被抛弃？

先看一个案例：一位男士被拒绝性请求之后，就再也没有主动找过这个女生。女生很纳闷，为什么他就突然变得冷淡了？他不应该继续追我吗？难道他只是想要和我发生关系吗？

对于这个案例，有的人说女生不要过快地和男人发生关系，不然就会被抛弃……还有的人会说快速和你喜欢的男人发生关系，他就不容易把注意力转移到其他女人身上了。

上述的两种说法，听起来似乎都有道理，但如果用 L、A、S 三元素来解释这个问题就非常简单了：

假设一个女生和一个男生认识不久，他们没有太多的时间和机会去营造良好的氛围和深刻的共鸣。毕竟认识的时间比较短，欲望作为唯一的元素把他们联系到一起。彼此或许喜欢对方的长相，或许迷恋对方的身材。而这个时候如果发生关系，直接让欲望爆发到最高点而事后又没有补齐另外两个元素，那么就容易失去平衡。这就像是一道门一共有三把锁，只锁上了一把，剩余两把还是打开的状态，那么这道门很容易就会被打开。这就是快速发生关系致使一方被抛弃的原因。

而事实上，也有很多例外。

假如当一个女生和男生在发生性关系的前后一段时间内经历过一些能够激发氛围（A）和共鸣（S）的事情，那么他们的关系可能就不仅仅是停留在性层面了。

性会迅速拉近两个人的距离，也会为两个人的互动提供一些额外的空间。

比如，很多时候，男女双方在发生性关系之后的对话，会比之前约会时聊得更为深刻且深远。如果这些对话里包含了“情感”或是“三观”等内容，那么两个人就容易拉近彼此的心理距离。这一刻，也往往会产生共鸣（S）。

如果他们双方都觉得对方人还不错的话，就可能一起去其他的地方约会。因为距离拉近，两个人的约会质量会比发生关系之前更高。在这种场景下，氛围（A）就很容易出现了。

每一段情感关系都有内在的因果逻辑，我们不能随便套用别人的经验来指导自己，更重要的是我们应该搞明白这些情感里的逻辑。说得更直白一点，就是欲望（L）、氛围（A）、共鸣（S）这三个元素之间的逻辑。

2.2.2 你们各负责一半

每一个元素都必须是两个人互相作用才能够达成的。换句话说这是一个 0.5+0.5=1 的过程。

比如，一位男士想要跟一位女士近距离接触，但是被女士拒绝了。那么可以说，这位男士对这位女士是有欲望的，但是这个欲望并没有达成，所以他们的关系并没有递增，还停留在原处；如果这位女士并没有拒绝，有着跟这位男士一样的想法，则双方的关系可以升华。

一位男士主动给一位女士发信息，说明他有意主动和这位女士建立氛围（A）。假如这位女士热情积极地回应了这位男士，那么两个人会因为这次聊天而获得某种愉悦感，就像他们各提供了 0.5 的氛围（A），最终氛围形成。但是，假如这位女士并没有热情地回应这位男士，导致聊天终止，那么可以说，男士提供了 0.5 的氛围，而女士提供了 0 的氛围，最终氛围（A）没有形成。

再比如，一位男士正在和一位女士聊自己童年的一些经历。如果女士静下心来听他讲述，并且给予同样的情感反馈，那么他们各提供了 0.5 的共鸣（S）。但如果，女士没有把这个关于童年的话题接下去，或者并没有反馈相同的情绪，那么两个人之间的共鸣（S）就无法建立了。

当我们喜欢一个人的时候，往往会自动地向对方展示这三个元素，会主动找对方聊天，更加不会放弃和对方走心的机会。我们的本能会帮自己展示出这“0.5”，剩下的就是，如何诱导他也能展示出自己的“0.5”。

2.3 制定战术，让吸引力发挥出来

在足球比赛开始之前，双方的教练会分析两支队伍之间的优劣势，然后制定战术，并且在比赛时让队员们严格执行战术，发挥优势，隐藏自身弱点，这样才最有可能获得胜利。

这一节，让我们来学习如何发现自己的优势和劣势，并正确应用。

2.3.1 吸引力的三个方面

不同的人身上有不同的特质，不同的特质构成了不同的吸引力。

诚然，绝大多数男士会优先被女士的外貌所吸引，外形和身材姣好的女士确实更容易激发男士对她们的欲望（L）。我们可以看到很多产品都会用“美女”作为吸引男士眼光的利器，例如汽车展览和数码产品广告，这些产品本身对男士可能并不具备强烈的吸引力，但是把“美女”和这些产品放在一起，就可能产生一些微妙的化学反应，最终使得这些产品被售出。

所以，一位外貌姣好的女士通常只需要出现在男人的视线里，就会自动产生吸引力。不得不说，这也是一种强烈的、不可控的、源自性别之间最原始的吸引力。这种吸引力往往会让男士产生一些生理变化。

有些人天生“性格好”。和欲望（L）不同，这部分人天生喜欢也善于与人打交道，喜欢聊天交朋友。如果是女士，往往也会更“有活力”。因为她们通常热爱生活，所以不用去绞尽脑汁思索聊天话题。

男士很容易对她们产生好感。伴随着她们的“高能量”，互动的氛围（A）也会更加轻松愉悦。在这个过程中，男士会感觉到轻松自在，吸引力很容易就会被创造出来。

还有一部分女士，她们不一定长得美丽，也不喜交际，但她们有自己的兴趣和思想。如果恰好这些女士喜欢的男士也和她们有着相同的兴趣和想法，那么她们很容易产生共鸣（S）。

虽然共鸣（S）不像欲望（L）和氛围（A）一样能够较快地激发男士对自己的吸引力。但是它依然是两性关系中不可或缺的一部分。任何一段缺少了共鸣（S）的爱情关系，都是不完整的，并且是脆弱的。

2.3.2 拥有你的“作战方案”

大部分人在不清楚自己的优势之前，一般都是从氛围入手的。想一下当自己喜欢一个人的时候，第一步会做什么。大多数人都会选择先添加对方为微信好友，然后开始聊天。这个逻辑没有问题，因为聊天是两个人之间成本最低、压力最小的一种方式。

但是假如屏幕的两端都不太会聊天的话，那么就会特别尴尬，会渐渐对对方失去兴趣，最后渐行渐远。

有经验的恋爱高手，通常会快速建立聊天氛围，并且快速激发另外两个元素，让两人的关系迅速升温。还有的人可以从任何一个元素入手。

所以，首先要清楚自己的优势，然后制定出适合自己的“作战方案”，激发出对方对你的欲望，或者营造一种和你在一起很愉快的氛围。

2.3.3 渐入佳境

看到这里，或许你已经搞懂了 L、A、S 的概念，但可能还不能熟练地运用它。通过后面的学习和不断实践，将会越来越熟练。

在实践的过程中，要时不时地停下来，看看彼此之间的这 3 个元素是否发生了，每个元素都处在什么样的水平，程度如何。

然后分析出彼此之间缺少了什么，以及需要补充什么。

试着用一种全新的思维去思考所有的感情关系，这样会更加清晰问题所在。

第三章

三元素水平，决定了你的桃花运

男人和女人，只要价值观差距不太大，且满足“L、A、S（欲望、氛围、共鸣）”三个元素，很容易就会互相吸引和喜欢。

合理地评估自己在这三个元素上的优势和劣势，然后通过取长补短的方式，充分发挥优势，弥补短板，让自己在异性面前更具魅力，更受欢迎。

3.1 你有多少女人味？

在三元素当中，欲望（L）有多重要呢？

绝大多数情况下，男人对女人的好感，是始于欲望（L）的。

即使一位男性最初并不是被一位女性的外貌吸引而选择和她开始一段恋爱关系，我们也不能说这位女性对于这位男性的欲望值就是“0”。

我们每个人都有一套大致的择偶审美标准。这套标准是一个区间，而不是一个定值。也就是说，假如一位男性的择偶审美区间为 6 分～ 8 分，那么只要一位女性的外貌在这个分值区间内，这位男性都是可以接受的。

这里有两个问题：

第一，为什么上限不是 10 分呢？因为外貌带来的优势是一把双刃剑，很多男性不喜欢在结婚对象上选择过于漂亮的女性。因为靓丽的外表对于一些男性来说，会让他们觉得未来可能会引来其他同性竞争者。

第二，如果两位女士都在一位男士的择偶审美区间，但其中一位女士比另一位女士更漂亮，那么男士会怎么选择呢？答案是：如果在其他方面两位女士不相伯仲，那么男士会毫不犹豫地选择外貌更好的那一位女士。

也就是说，当男士认为女士“长得漂亮”“身材很好”，甚至“很可爱”“有气质”“会打扮”的时候，证明男人潜意识中的欲望这个元素已被启动。

如果一分为二地看，可以将欲望分为“物理欲望”和“化学欲望”。

“物理欲望”就像客观存在的指标，比如皮肤是不是白皙，双腿是不是修长等；

而“化学欲望”则是通过一些动作、表情、神态等来让异性产生一种“微妙的化学反应”。

如果再细分下去，还可以分出下面几个维度：外貌、声音、姿态、打扮、气味等。

3.1.1 维度一：外貌

外貌属于“物理欲望”。外貌虽不是欲望的唯一决定因素，但也比较重要。

外貌大致包括面容和身材两个方面。最近这些年，很多人质疑这种“单一审美观”，但事实上，从进化心理学的角度来说，这种审美观确实有道理。因为男性和女性发生关系，对于女性欲望的根源，是为了让基因更好地传播下去。

进化心理学还提出，在漫长的进化过程中，男性逐渐形成了一套判断标准来判断女性是否适合孕育后代，从而判断自己要不要选择和她发生关系。在最初，男性倾向于选择体态丰满的女性作为孕育后代的对象。因为从前食物短缺，丰满往往意味着拥有足够的营养摄入，意味着健康，而健康的女性能够更好地繁育后代。

发展到今天，丰满往往意味着暴食，也意味着不健康。相反，纤细和匀称的身材让人们觉得更加健康，也渐渐成了今天的主流审美标准。

这复杂的一切，最终形成了男性对“美”和“性感”的定义。

很多女性觉得这个定义不公平，也不愿意为了“取悦男性”让自己更接近这个标准。但其实，让自己变得更漂亮，在本质上并不是取悦男性，但确实更能激发男性的欲望。因为男性在被欲望控制的时候会进入一个相对非理性的状态，会迅速地“坠入”对女性的迷恋中。

所以某种程度上，变漂亮不是为了取悦男性，而是让男性来取悦女性。

3.1.2 维度二：声音

声音是物理欲望还是化学欲望呢？

组成“声音”的第一个元素叫作“声线”，就是我们在说话时，声带振动的方式和频率。

它属于“物理欲望”。一个女人的声音是偏向林志玲的甜美，还是偏向舒淇的妩媚慵懒，或者是周迅那样轻微的低沉和沙哑，都是青春期开始就基本定型了，后天最多只能做些细微的调整，很难从根本上改变。

但同时，还有另外几个元素：语速、语调和语气，这三个元素是可以通过后天的训练而改变的，所以属于“化学欲望”。

什么样的声音会让男人觉得“有欲望”？

不同的男人偏好不一样，有的男人可能喜欢甜美可爱的声音，而有的男人更偏向于有成熟韵味的声音，但其中有一个共性：这个声音一定要具备强烈的“女性特征”。

相对于男人的声音来说，女人的声音最显著的区别就是，更明亮、更尖细、更柔和，尾音往往还会带着一点若有若无的气声。

所以，无论你自身的声音条件怎么样，可以尝试将说话的语速放慢，声音尽可能轻柔，语气更和缓，用声音打造一种“如沐春风”的感觉。

3.1.3 维度三：姿态和神情

女性的姿态和神情，包含了眼神、表情、行走、坐立、以及其他肢体语言等，它蕴藏在女人的每一个“举手投足”之间，洋溢出满满的“风情感”来。形容女性姿态的词汇有：亭亭玉立，摇曳生姿，莲步轻移……

比如，很多影视作品里面都会特意给一个女人走路的背影镜头。即使这个女人没有露出脸庞，我们依然会觉得她非常美。

很多女人都知道，男人会觉得穿高跟鞋和包臀裙的女人很美。

事实上，男人真的是喜欢那一双鞋或者一条裙子吗？

当然不是。而是当女人穿着高跟鞋和包臀裙的时候，她的步伐、姿态，甚至行动的速度和频率，都会被这些装扮所“限定”在一个非常性感和温柔的状态当中。

这才是男人为之心驰神往的关键所在。

3.1.4 维度四：打扮

同样的一个女人，不同的穿着，给人的感觉是截然不同的。

每个女人都有自己的穿衣风格，而不同的男人在女人的着装风格上也有不同的喜好。

有的人喜欢简洁干练的职场女强人，有的人喜欢穿着棉布长裙的文艺女青年，还有的人喜欢粉粉嫩嫩的可爱小女生。

但共通的一点，依然是前面提到过的“性别感”，即通过着装，让自己看上去更加女性化。

如果你暂时还不太清楚怎么去凸显女性特征，那么最简单的方法，就是多尝试穿裙子，或者通过一些配饰，如耳环、项链、手链等来点缀，让自己变得更加迷人。

3.1.5 维度五：气味

每个人都能分泌一种激素，形成自己独特的生理气味。很多科学家通过实验证实了，人的体味之中存在吸引爱人的荷尔蒙，它会直接引起人类大脑的反应，产生对另一半的欲望。

所以，建议女生最好能学着使用香水。

可以选择自己喜欢的味道——花香，果香，清新的柑橘柠檬，或者治愈的茶树味道都可以，如果你不喜欢用香水，可以考虑使用带香味的洗发水和沐浴露。

在男人眼里，重要的不是香水的“味道”，而是和他在一起的你有没有使用它。

3.1.6 测测你的欲望分值

假设以上几个维度的满分都是五分，最终的得分，就是欲望分值。

但是，需要注意的是：

这个分值并不是一个“定数”，而是随着每次呈现出的“状态”而变化的。

比如，A 女生今天穿着很性感的礼服裙，化了精致的妆，那么她的外貌分可能是 4 分，装扮分可能是 4.5 分。但是如果 A 女生今天只是穿着普通的睡衣，素面朝天地待在家里，那么她的外貌分可能就只有 3 分，装扮分只有 2.5 分。

给自己打“欲望分值”，并不是为了和别的女生比较，而是让自己知道，最佳状态可以是什么样的水平。

一旦找到了这个“最佳状态”，我们就会刻意地提醒自己，每一次出门约会，面对自己心仪的异性时，都要逼近这个状态，都要拿下他心里的最高分。

3.2 你是否和异性聊得来？

我们来看第二个元素，氛围（A）。

前面讲过，当女生和男生相处时，如果彼此之间的对话和行为，有不错的感受，那证明氛围不错。

几年前网络上有一个概念非常流行，叫作“有趣的灵魂”。其实，当一个人觉得另一个人“有趣”的时候，很大程度上就有可能体现在，另一方“制造氛围”的能力非常不错。

而相反，如果两个人相处的时候，气氛很沉闷、很尴尬，甚至完全没话可说也没事可做，总之出现了不舒服的状态，那就证明彼此之间的“氛围”水平不够。

这里我提到了两个词，一个是氛围能力，一个是氛围水平。

氛围能力指的是“制造氛围的能力”，是一种行为。氛围水平指的是“氛围处在什么样的水平”，呈现的是一种状态。

很多人都会刻意关注一些“聊天攻略”或者“约会攻略”，按照上面的说法去和异性打交道，好让彼此间的相处更加愉快。

这些攻略里提到的内容，可以帮助我们提高氛围能力，通过掌握这些能力，可以让彼此间的氛围水平看起来不错。它们看上去千变万化，却包含着统一的内在逻辑。

想要真正参透这些逻辑，就需要先搞清楚一个问题，“氛围”的本质是什么？

举个例子，当A男生给B女生讲了一个有趣的段子时，B女生会做出什么样的反应呢？

直接笑出声？夸他幽默？说这个段子早就听过了？还是索性讲一个更好笑的？

如果B女生日常是个很直率的女孩，那听到笑话的第一反应就是毫不顾忌地笑出声；但如果她平时和朋友相处就非常温暖贴心，喜欢赞美别人，那听到笑话之后也会下意识地夸这个男生很有趣。

不同的反应会为两个人带来完全不同的氛围。而这些反应的背后，隐藏着的是两人长期以来形成的思维习惯。

而思维习惯的形成，则来源于下面三个维度。

3.2.1 维度一：自身性格

性格是先天遗传的，从童年开始，长期稳定存在，是不那么容易被改变的。

我们在日常生活中形容一个人的性格，最常用的两个词是“外向”和“内向”，因为这两个词会最频繁和显著地体现在一个人和他人相处的方方面面，也最大限度地影响了一个人所能制造出的氛围（A）。

外向者和内向者的行事方式有着非常明显的差异：外向者往往热衷于社交，每天流连在各种聚会或者酒会上，而内向者更喜欢独处，愿意一个人在家看书或者玩游戏；外向者往往有非常多的朋友，内向者的朋友相对少，但他们的情感联系通常更紧密；在同样一场社交活动中，外向者也往往是高能量的，无论穿着打扮还是言谈举止都会引人注意，内向者可能就会相对低调不少，坐在角落观察人群可能会让他们更舒适。

当然，行为和表现有可能也是假象，是可以经过后天训练和培养的——比如我自己，就是一个内向者，但是经过刻意练习，我已经完全可以自如地驾驭绝大多数的社交场合。但我知道，我的性格依然没有改变，我依然是一个内向者。

想要判断一个人到底是外向还是内向，最简单的办法就是：问问自己的内心，在参与社交或与别人打交道时，你认为这是一个“耗电”的过程还是“充电”的过程？

对于外向者来说，社交是“充电”，独处是“耗电”，所以他们自己待了几天之后就必须呼朋引伴一起玩。

而对于内向者正好相反，在他们参与了几天社交活动之后就必须要一个人静静待一会儿。

也许你可以应对任何一种生活状态，但你的内心依然有一个声音在时刻提醒你，你到底更需要一种什么样的状态。

3.2.2 维度二：与异性交往的经验

一个人的社交能力，除了受到自身性格的影响之外，也同样受到“社交经验”的影响。那么，一个人在两性关系当中营造氛围的能力，也必然受到“两性交往经验”的影响。

最常见的例子就是，当女生第一次和喜欢的男生聊天时，可能会脸红、心跳、语无伦次，根本顾不上思考“怎么聊下去”，但当经历过几段恋爱后，再遇到喜欢的男生时，也许就能得心应手地吸引他。

同样，如果一个女生和一个从没谈过恋爱，也没有女性朋友的宅男聊天，可能会觉得双方根本不在一个频道上。

如果说性格是先天难以改变的，那么异性之间的交往经验就像是游戏里的经验值一样，是可以随着打怪升级而慢慢积累的。

当积累了足够多的异性交往经验时，就会对他/她的思维越来越熟悉，也可以恰到好处地“营造氛围”了。

除了谈恋爱外，也可以选择多和异性做朋友，这样也有助于积累社交经验。

3.2.3 维度三：社交环境

和上面的维度不同，“社交环境”并不局限于异性社交，你和同性朋友的相处，和工作伙伴的相处，和家人的相处，都可以归为“社交环境”的范畴。

但这个维度也非常重要，因为在开始学习异性交往之前，我们的很多社交习惯和社交中的思维模式，都是从父母、朋友、同学、同事那里潜移默化地学到的。

如果想要学习营造一种氛围，又不愿意过多地参与异性社交，还有一个办法就是把自己置身于相关的“社交环境”中。

我曾经为了提高社交能力，提高自己“营造氛围”的水平，去酒吧兼职打工。

这就是我对自己所处“社交环境”的改变——因为那时候我还是个大学生，身边的朋友也都在读书，每天两点一线，生活按部就班，而我想要感受更酷、更新奇的生活方式。

在酒吧，我见识到了人和人是如何通过几杯酒就迅速熟悉起来，也学到了与陌生人交流的话题——事实证明，这些新的思维方式和别样的社交技巧，都曾经为我之后和女生相处的“氛围”助过一臂之力。

对社交环境的改变，有利于让我们成为一个更有趣、更富于“谈资”的人，能够助我们在聊天时候制造出别出心裁的氛围。

3.2.4 你是调节氛围的高手吗

和欲望（L）不同，氛围（A）想要量化特别困难。

很多人都存在一个思维定势是，如果把外向者和内向者放在同一个社交场所中，外向者往往显得更闪耀、更活泼、更引人注目，好像比内向者更擅长制造氛围。

也许这都是事实，但我并不赞同内向者就因此而感到焦虑不安，甚至试图强行让自己“改变”成为一个外向者。而且事实上，这也不太可能做到。

同样作为内向者的我，在很长一段时间也曾经对自己的性格不那么满意，认为自己不能像很多外向的同伴一样，迅速在一个社交场合占据主导位置，得到异性的瞩目和青睐。

但其实不然，内向者的性格也有自己的优势。最直观的一点是，当外向者同时吸引了好几个人的目光时，并不是所有人都会喜欢他，有些人甚至会认为他是聒噪，不安分的。

内向者不同，他们可能无法让所有人注视，但他们或许更有条件和自己真正心仪的人相谈甚欢一整晚，让对方印象深刻。

在外向者营造“高能量”氛围时，内向者也可以营造具有“舒适感”的氛围。

所以，性格本身没有好坏之分，无论哪一种性格的人，都可以营造出属于自己的良好氛围。

核心在于，确定自己的性格之后，通过增加和异性相处的经验，或者优化社交习惯，最大限度地将性格中的优势发挥出来。

3.3 你能否能做到“懂他”？

共鸣（S）的本质是一种情感联结，它意味着男生和女生双方，在此刻有共同的感受、共同的情绪，并且这种感受和情绪经过彼此间的表达而发生共振，从而萌生出一种独特而深刻的感情，即“你懂我”。

绝大多数男人在情感经验比较匮乏的时候，可能完全意识不到，遇到一个能够和自己产生共鸣的女人是一件多么幸运的事情。他们年轻时也许更容易被欲望（L）操控，或者被氛围（A）影响，但随着时间的推移、年龄的增长，他们发现，“共鸣”在两个人的关系中是那么可贵。

所以，“共鸣”这个元素可能在最初不如欲望和氛围那么电光火石，激情四射，但是对于越成熟的男人，或者在越长久稳定的关系当中，它就越不可或缺。

在我接受的情感咨询当中，有相当一部分女生说，她们的伴侣为了一个各方面条件都不如自己的女孩子要和自己分开。

他们给的理由是，“因为她懂我”。

这些女生，有很多是和伴侣相处数年甚至结婚生子的，伴侣却和另外一个陌生女子产生了这样强烈的“共鸣”，并且要为此抛弃多年的情感，这看似令人费解——按道理说，难道不应该是两个人在一起的时间越长，才越有默契，越彼此相知吗？

但其实，“相处时间”对于创造共鸣来说，最多算是一个加分项。

能否产生“共鸣”，由下面这两个维度来决定。

3.3.1 维度一：心智水平

有一个典故叫作“夏虫不可以语冰”。

就是说，你没有办法跟生长在夏天的虫子谈论冬天冰天雪地的景象，因为它从来没见过，也无法想象，更不可能对你描述的景象产生共鸣。

这其实就反映了“心智水平”所带来的共鸣上的隔阂。

影响心智水平的因素很多：年龄、教育水平、自身阅历等。

让一个毕业于全国前五的名校，就职于一线城市一流企业的白领和一个农村出身，小学都没有读完的餐厅服务员聊天，或者让一个年纪轻轻就独自走遍全国的背包客和一个从小到大没有离开过老家的年轻人恋爱，他们对世界了解和认知有可能是完全不同的，所以“产生共鸣”就会变得异常艰难。

可能一开始，他们会因为其他原因彼此吸引，甚至在对方身上捕捉到某种“好奇心”和“新鲜感”，但是时间长了，一次次“共鸣失败”会让他们觉得非常疲惫，从而对自己曾经的选择产生怀疑。

这也是为什么很多人都认为，“门当户对”的感情还是相对比较稳定的，因为家庭背景的相似往往会带来成长环境和教育水平的接近，这种相近，会让两个人的交流更顺畅，也能够为他们创造更多的“共鸣”机会。

心智水平低的人无法理解心智水平高的人，心智水平高的人也很难把自己的维度降下来，去理解心智水平低的一方。

这就好比，让一个从来没有学习过音乐的人去听古典钢琴曲，他可能会觉得无聊想睡觉，但让一个生活在艺术世家，从小听音乐会的人去听低俗的口水歌，他也会很难想象，为什么这样的音乐会有人觉得好听。

3.3.2 维度二：价值观取向

如果两个年龄相仿，受教育程度相当，成长背景也相似的人在一起，就一定更容易产生共鸣（S）吗？

也不一定。

举个例子：一位男士和一位女士说到，自己的上一段感情是因为自己一直希望女方搬到他家里和他一起住，这样两个人在一起的时间就更多一些。但是女方并不同意，而是想要自己的独立空间。最后，两人因为这件事情分手了。

假设这位男士说这段话的时候，表现出的状态是哀怨且无奈的，而对面聆听的女士则告诉他“共同生活”并不重要，如果是这样一种情形，那么两个人在这个话题上绝不可能产生任何共鸣。

这不是因为他们的心智水平有差异，而是他们在“恋爱”这件事情上有着截然不同的价值取向——男性的观点比较保守，认为恋爱中“陪伴”极为重要；女性则更倾向于“距离美”，认为远距离的恋爱也很好。

在不同的价值观取向中，对于“什么才是重要的”“什么才是正确的”，有着完全不同的观点，这也就意味着，他们对同一件事情会有完全不同的认知和感受。

谁也不可能说服谁，谁也不可能理解谁。

价值观取向所导致的无法产生共鸣的现象，其实比用心智水平差异而产生的无共鸣现象更为常见，毕竟大多数人通常都是会选择和自己硬件条件相差不大的人恋爱，很少有名校研究生会和初中都没上完的人产生感情。

此外，“价值观取向”的差别成因很多，比如一个人的家庭环境、社交、对方喜爱的文艺作品，都有可能对对方的价值观产生深刻的影响。

这也就意味着，即使两个人都出生于中产家庭，都毕业于名校，都成长于一线城市，依然有可能在价值观取向上有着巨大的差异。

用一个简单的方法来区别的话，心智水平差异所带来的“共鸣失败”可以形容为“你说你喜欢大海，但他只见过门前的小河”，价值观取向差异所带来的“共鸣失败”则更像是“你说你喜欢大海，但他说那里淹死过很多人”。

无论哪一种，都令人觉得无比孤独。

在三元素中，共鸣（S）是依赖“运气”最大的一个元素。两个人之间如果相差太远，那么想要激发共鸣就相对困难。

在大方向上，一方面建议增加自身的阅历，提高心智水平；另一方面拓宽自己的价值观取向，尽可能让自己变得更加包容，能够理解和接受更多不同的价值观和思维方式。这会有助于你可以和更多的人产生共鸣。

鲁迅说过，人类的悲欢并不相通。“共鸣”就是这么一种微妙且私人化的情感。

很可能你付出了很多努力，终于和一个男生拥有了强烈的共鸣（S），但换了另一个性格不同、生活环境也不同的男生之后，你发现你依然难以理解他。

事实上，也正是因为人与人之间的理解如此困难，遇到能够产生共鸣的“灵魂伴侣”才会让人那么欣喜。

其实还有一个效率更高的方法，就是从一开始就去找“更容易和你共鸣”的那一类人，然后试着和他们培养共鸣（S）。

具体方法是，观察身边的异性朋友群体，看看自己和哪一类男生最容易成为朋友，这通常就是你最容易产生共鸣的男生类型。

比如，你发现你的异性朋友都是文艺爱好者，那可能代表你和这类男人比较有共同话题，你可能对文学和音乐了解得比较多，也更容易理解一个男人对艺术和自由的热爱；或者，你发现你的异性朋友都是职场白领或者创业者，那可能代表你更欣赏一个男人的好胜心和上进心，对当下的创业趋势和职场规则也略懂一二；再或者，你发现你比较容易和还在读书的男生成为朋友，那可能代表你能够理解一个男生的纯真，你愿意倾听他们的烦恼，也更愿意和他们一起聊聊校园生活。

当然，在进行这种观察之前，他们最好能够确保的确愿意和你做朋友，而不是抱着其他的目的接近你，这会让你的判断更加准确。

然后，你会发现，你们的共鸣（S）很可能自然而然地就产生了。

第四章

最深刻而原始的吸引力——欲望

在前面，我们提到欲望可以分为两种：一种是“物理欲望”；另一种是“化学欲望”。“物理欲望”是指一个人的外在形态，比如长相、身材、妆容、打扮等；“化学欲望”是指激发男人性本能的技巧和策略。

4.1 每个女孩都有性感的一面，就看你会不会恰到好处的利用

我发现大部分女性对性感的理解有点误区，或许是受直男们的影响，她们想当然地认为，性感就等于穿低胸装、穿超短裙、穿细高跟鞋和涂大红色口红。甚至还有人认为，“穿太性感出门就是想吸引男人”，所以她们比较排斥让自己“性感”起来。

4.1.1 被玩坏的“性感”

在欧美国家，夸一个女人性感，可是非常高的评价。

“性感”不一定和性有直接关系。关于这个词的解释有很多，其实，“性感”是一种“属性”，而不是一种“能力”。

记得有一位女生在公众后台给我留言：她说她长得不漂亮，从来没有男生主动跟她打招呼。她说这辈子唯一的愿望，就是希望有个男生能主动问她要电话号码。我回复道：最简单的办法就是先给自己化妆，让自己变得更漂亮。但是她认为她不喜欢化妆的自己。

其实这个女孩的潜意识里认为性感是不好的、坏的、危险的。

4.1.2 做“乖小孩”的不足

许多人从小一直被教导要做乖小孩，好小孩，认为“只要我好好学习，做个好人，一切都会有的”。很多家长都会跟自己的孩子讲：女孩子就要端庄内敛，对男人别过于主动，别让对方觉得你不是一个好姑娘。于是，所有的行为都建立在这个“好姑娘”的基础上，为了取得这种好的评价，唯有隐藏自己的欲求，进而无法激发欲望这一元素。

想起早年在夜店打工时遇到的一位姐姐。她的工作是销售酒水。有一次下班后我们聊了很久，她说她家里条件差，很小就出来打工了。辗转了几份工作，最终定了这份，因为这份工作工资高，有提成。她想再干两年，等把钱攒差不多了，就去参加成人高考，然后找一个好的工作，好好经营自己的事业，最后找一个对她一无所知的普通人结婚。

她有魅力，能够很轻松地激发男人的欲望，让他们下单购买酒水，所以相应的提成也很高，同时也吸引了很多优质男人的心。

4.2 每个月花 2000 块做颜值管理，收获翻 100 倍

如果一个男生建议女生提升颜值，那么会让女生感到不舒服。也许你会认为这个男生是个直男，也许你会用一大堆理论来反驳，但提升颜值最根本的是为了取悦自己。

4.2.1 美得焦虑的中国女人

很久以来，我一直听到一个说法：中国女人大多不爱化妆。

我没出国前，对这个说法基本没什么感觉，因为人数众多，即使爱化妆的女生是少数，但也不少了。出国之后有了比较，就有所感受。在各个国家的留学生当中，中国女生确实不怎么喜欢化妆。

那么中国女生为什么大多不爱化妆呢？

知乎上有一个匿名回答是这么说的：

“高中的时候我会偷偷画点眼线，涂点睫毛膏，抹点唇彩。我爸看了打趣说，你打扮这么漂亮是不是要见喜欢的男孩子啊？

“其实我化妆只是为了让自己感觉好一点。

“天生是双眼皮，不过是扇形的，我发现用双眼皮贴把自己双眼皮贴成平行外双后眼睛更好看了，后来我无法再忍受出门不贴双眼皮贴。

“双眼皮贴很便宜，五元钱可以买一打，能用一百多天。

“我妈看到我化妆，说：‘父母已经把你生得这么美了，你还有什么不知足的？化妆是大学毕业参加工作的女人干的事！你一个学生画什么妆！（这话持续到我大学毕业）’

“有一次她心情不好，在我房间的抽屉翻到双眼皮贴，疯了一样咆哮：‘小小年纪满脑子就知道打扮是吧！整天不想学习就想勾引……’

“说着她找来剪刀，神经质地把我的双眼皮贴都剪烂。”

回想起来，我大学隔壁班有一个女同学。刚进学校的时候，她属于那种看起来平平无奇的女生。一身运动装，一个马尾辫，还有一张素颜脸。

到了大二，也不知怎么回事，她开始化妆，烫头发，还穿上了高跟鞋，一下子变得迷人了。

由于她的变化实在太大，某次上课的时候，我就听我们班的几个女生在一起讨论她。大致就是各种猜测，说她可能认识了校外的男生，准备谈恋爱了，等等。

我在一旁听她们说得头头是道，加上对这个女生了解不多，自然也就信了。

然而最讽刺的是，这个女生整个大学四年，就没有谈过恋爱。

从这个故事中可以发现：从不化妆到化妆是要经历一道坎的，这道坎就是朋友、亲人、同学、闺密的质疑，甚至是恶意。

很多女生从小就被告知化妆打扮不是一个好女孩该做的事情。如果你打扮得太过漂亮，你就是虚荣。

所以中国的很多女生美得焦虑，美的没有安全感。她们在美与虚荣的夹缝中摇摆不定。

4.2.2 镂刻在你基因里的武器

我谈过一个女朋友，是那种比较甜美的类型，但是她经常会自嘲说自己是“小妖精”。我问她为什么要这么说自己？她告诉我，她的社交圈里总会有一些女生在背后这么说她。为了让人不要误以为她“装”，她干脆就自己这么叫自己了。

这个世界对女性的社会压力有相当大的一部分是源于同性，这也是我觉得很可悲的一件事。

很多女生都抱怨过一个问题：每当自己带妆出门的时候，都会有人问今天是约了人吗？

其实，女生化妆是为了让自己心情美丽，是取悦自己，而不是取悦男人。

作为男人，戴手链、打领结、喷发胶不也是为了让自己更帅一点吗？这从来就没有什么不公平。

4.3 穿着“好嫁风”的女孩，都嫁给了谁？

有人说，如果你不知道该穿什么衣服去约会，那就穿“好嫁风”（特点：甜美、软萌等）吧。从女人的角度去说服女人是非常容易的。确实，男人并不排斥“好嫁风”。但是，男人喜欢“好嫁风”吗？很明显，并不是。这种风格的打扮，让我们看上去舒服一些，但却少了一点欲望（L）。

4.3.1 别被男人捡了便宜

最近有个女孩子打算去相亲，让我陪她去买几件约会穿的衣服，让我一定要“站在直男的角度”提提意见。

这个女生的长相和身材都还不错，气质优雅知性，日常驾驭轻熟风非常高级，又有女人味。

但她往往会挑一些大量运用马卡龙色、频繁出现蕾丝蝴蝶结、水钻、毛毛球等元素，给人不谙世事的“邻家小妹”感觉的衣服。不能说不好看，但是和她的年龄、气质都不太搭，整个人的气场和魅力都削减了一大半。

我跟她说按照之前的穿搭风就很不错，没有必要为了约会就尝试不一定适合自己的风格。但她觉得，既然是奔着相亲去，就还是尽量把自己打扮得“好嫁”一点，贴近一下男生的审美。

“所以让你陪我来就是想问问你，你们男生到底喜不喜欢这种风格？”

我并不认为在约会和恋爱的时候，为了对方精心打扮自己就是“迎合”或者“讨好”，两个人的相爱和相处本来就包括了“作出一定的让步来让对方感到开心”，那么当然也包括了在外形上适当地调整自己的风格来贴近对方的审美，让对方赏心悦目。

如果说穿几件“好嫁风”的衣服就真的能够让心仪的男神对你一见倾心，迅速迷恋上你，那这就像女生约会要化妆一样，没有任何问题，我也会建议女生至少在约会初期可以这么试试看，就像我也经常建议男生追女孩之前也要先打理自己的外形一样。

也许有一部分男生的确喜欢这种风格，但审美日趋多元化的当下，我所接触到的相当一部分男生所欣赏的女生衣品都不是这样的。他们更认同的是，不同的女生适合的穿搭风格不一样，并不是一定要粉嫩软萌才是“好看”和“有女人味”。

4.3.2 珍惜你自己的魅力

我经常鼓励身边的女生，面对男生一定要有自信、有气场，甚至要有一点“锐利感”——这并不是告诉女生要拒人于千里之外或者嚣张跋扈，而是让女生相信和珍惜自己的魅力。

当女生在男人面前靠塑造“乖巧柔顺”的形象来博取好感时，也许你会吸引来一部分男生的“保护欲”，但更有可能的是，他们会站在高你一等的视角去看待你。这甚至会让你本身的优越条件和过人魅力都大打折扣。

请思考一下：那些“好嫁”的标准和本质是什么？它隐含的标准是谁定的？定标准的人，一定永远是站在自己的立场上，在为自己提供便利。

男生经常说，女教师和公务员“好嫁”，其内涵无非是女公务员工作轻松稳定，女教师有两个假期，方便教育孩子。

所以，要珍惜自己的魅力，不要为了“好嫁”，而让自己的魅力打折。

4.4 瞬间增加“女人味”的5种方法

在上课的过程中，当讲到L、A、S三元素的时候，女生们最大的疑惑往往都来自“欲望”这个层面，她们问我最多的一个问题是：是不是只有漂亮的女生才能够激发男人的欲望？

可以这样说，漂亮的女生毫无疑问更容易激发男人的欲望，她们通常什么都不用做，只要出现在男人面前，男人就会对她们充满欲望。

但事实上，从生物学的角度来说，男人欲望的真正来源不是“美”，而是“女人”。

一个性取向正常的男人不会对一个高颜值的男人产生欲望，不会对一幅美丽的风景画产生欲望，不会对一个精致的珠宝首饰产生欲望，能够让他产生欲望的一定是“女人”，哪怕这个女人并不那么好看。

刘雯、何穗、奚梦瑶这三位中国的维密超模可谓是性感至极，能被维密看中，也足以证明她们符合维密的高端性感路线，同样，也符合男性对女性的审美需求。

我记得何穗在某场走秀中对着观众画了一个心。我相信任何一个男人都不会对这一幕毫无波澜，欲望就这样被激发了出来。

物理颜值不容易改变，对男人来说，一个女人有没有魅力才是最重要的属性。

所以，在很多女人绞尽脑汁提高颜值的同时，也许还有另一条更好走的路：提高你的“女人味”。

“女人味”是一个很抽象的词，每个人都听过，但不见得有几个人能准确地说出来它到底是什么。

“女人味”当中的“女人”，一方面区别于“男人”，也就是强调“女性的性别特征”。比如男人大多数是短头发，女人多是长头发；男人通常穿裤子，女人多是穿裙子；男人皮肤普遍粗糙，女人皮肤普通细腻……这都算女性特质。

另一方面区别于“女孩”，也就是强调“恰到好处的成熟感（年龄）”。比如小女孩很少戴首饰，而你戴了一整套首饰；小女孩不太会化妆，而你妆容很精致；小女孩和异性说话会脸红，而你和异性交谈非常自如……这也是为什么男人普遍喜欢轻熟女的原因。

总而言之，一切能够凸显出“你是一个女性”以及“你成熟”的特质，都可以被称之为“女人味”。用一个公式表示就是：

女人味 = 女性特征 + 恰到好处的成熟感

下面这 5 点可以帮助你在一天内就能增加女人味的外在细节，一定要掌握哦。

4.4.1 发型

大家可能看到很多欧美摄影师镜头下的女人照片，发型多为“大波浪”。这种发型就非常具有“女人味”。不同的人适合不同的发型，但很明显，中分比齐刘海更有女人味，长发比短发更有女人味。能找到适合你自己的发型，是挖掘女人味的很重要的一步。换一个有女人味且适合你的发型，都会为你增色不少。

4.4.2 耳饰（环）

耳饰从古代流传至今，那时候女性美的标准倾向于柔弱娇羞的黛玉之态。因此，对于世俗美的看重，让耳环等饰品受到喜爱。

我一直认为，女生所有的首饰，包括手链、项链、戒指等，最容易突出女人味的就是耳饰（环）。

当我看到戴着耳环的姑娘，总会认为她身上多了几分成熟的优雅魅力。

精致带一点锐利感的钻石耳钉，温润柔和的珍珠耳环，或者其他更有设计感的式样都可以。

但我要说的重点是：区别并不在于你戴什么形状的耳环，而是在于你戴与不戴。

4.4.3 高跟鞋

著名性感女星玛丽莲·梦露说过，我不知道是谁发明了高跟鞋，但我认为所有的女人都应当感谢他。

可能很多女生都知道，高跟鞋可以调整腿部比例，从而潜移默化地影响走路姿势，让你莲步轻移风情万种。

网上有一个女生说过这样一句话，而这句话应该是我见过对高跟鞋魅力最好的诠释：穿上高跟鞋就像给自己施了魔法，我是一个成熟的女性，我娇柔我优雅，我不是男人。尖细的高跟敲击在硬邦邦的地面，发出清脆的声音，步履越自信，声音就越坚定。

我也一直觉得，给一个女生最好的成人礼，就是一双黑色或者红色的细跟高跟鞋。

4.4.4 香水

“女人味”也可以来自嗅觉、气味，是一种特殊的荷尔蒙。

时尚名媛 Coco Chanel 终其一生都在打造完美的女士香水，她最骄傲的作品 Chanel No.5 就融入了她对女人味的认知——有艳丽的玫瑰和茉莉花香，也有宛若冰川般清冽透彻的醛香，就像是女人特有的风情，绮丽又高洁。

当然，你可以选择你喜欢的一切味道——花香、果香、清新的柑橘柠檬，或者治愈的茶树味道都可以，在男人眼里，重要的不是香水的“味道”，而是你有没有使用它的“习惯”。

4.4.5 口红

化妆也是快速打造“女人味”的方法之一，精修过的眉形，若隐若现的腮红，妥帖的眼线和眼影都会让你迅速变得性感又迷人。而且，也许很多男人看不太出来你是否化了妆，但他们能够从本能上感受到那些化了妆的女人哪怕只是中人之姿，还是比素颜美女多了几分说不出来的“迷人感”。

而所有的妆容中，最容易吸引男人眼球的莫过于口红。红色本身就象征着热烈、激情，而涂抹在嘴唇这样的性感部位上，更暗示着一种难以言说的吸引力。

记住，是口红，不是唇彩！

除此之外其实还有很多细节，比如裙子、包包、发饰或者走路谈笑的姿势，说话的声音和语调……只要运用得当，都是打造女人味的利器。

而你每一分的女人味，在男人眼里，都是无法抗拒的迷人和令他辗转反侧的欲念。就像电影《洛丽塔》中，男主角沙哑甚至带着哽咽的嗓音所说出的告白那样：

“我望着她，望了又望。一生一世，全心全意，我最爱的就是她，可以肯定，就像自己必死一样肯定……”

“她可以褪色，可以枯萎，怎样都可以。但我只望她一眼，万般柔情，便涌上心头。”

4.5 99%的女生可以让男人喜欢，只有1%的女生让男人想要占有

在欲望（L）中，有一个很重要的部分，就是占有欲。

4.5.1 追你的人越多，就有越多人想追你

男人和女人有着明显的不同。如果一个女生知道自己要和很多人竞争，可能会想，反正他也不是那么喜欢我，对我也不是那么主动，那干脆算了。

但是反过来男人就不同了，面对一个有很多竞争对手都在追的女人，男人们会愈发地想要打败其他男人。

我的学员里有 7 ~ 8 个颜值非常高的女生。她们面对男人的时候，态度往往都特别干脆，不喜欢的直接就不理对方，从来不废话。因为她们身边的追求者太多了，也因为她们的颜值摆在那里，所以她们什么都不说，追求者也知道，需要和其他男人竞争。

4.5.2 在安全的范围里，让他嫉妒

要让追求你的人意识到，有很多人在追求你。

拿我亲身经历过的一件事情来说，以前我认识一个女生。我对他没有太大的兴趣，只是因为大家都在法国留学，所以礼貌性地我们彼此的微信。有一次她跟我说，在大连某商场的落成仪式上，恰好某位名人（男）坐在她旁边，然后这位男士就找她聊天，当时她不认识他是谁。只是觉得这个男士有点烦而已。就这样，在一顿尬聊之后，她煎熬地度过了这场秀。

起初，她在我眼里只是一个长得漂亮的普通留学生而已。当我知道那位名人也同样心仪她时，立马就引起了我对她的兴趣。我真的很想知道，和地位等级那么高的男人都得不到的女人交往是何感觉。

我确实着急了，即使我心里非常清楚这个原理，但实际上我还是没有办法去逾越它的。就像我说的，这是一种心理反应机制，还是由基因决定的，人们抗拒不了。

同样的还是这个女生。有一次她跟我讲，她被邀请去某杂志做一个美食专栏的作家，但是她去了不到一个月时间就辞职了。我问她为什么，她说是因为这个杂志的主编是一个年纪比较大的中年男性，他对她有所图。迫于压力，于是就辞职了。

男人的生物本能决定了都会想要寻找拥有更高价值的女人。当一个女人有很多男人都感兴趣的时候，她就被套上了光环，而且会有更多的男人对她感兴趣。

4.6 让两人的火花悄无声息的产生：无意识触碰

两个人走在路上，距离很近，总会无意地互相触碰到。也许是并排走的时候，手和手的触碰；也可能是突然回头时的轻微撞击；又或者是你踩着高跟鞋不小心摔倒的时候本能地抓住他。

这些无意识的肢体接触的好处就在于，这是无意识地接触到了对方的身体，没有任何目的性。所以对方也不会戴着有色眼镜来看待你。

但是如果两人在约会的初期，这种肢体接触却能够很快地激发男人的欲望（L）。

我在大学二年级的时候遇到一件很有意思的事情。当时正下着大雨。我打着伞，准备和我约会的女生一起回到宿舍。

当时的风很大，一不小心，伞被吹歪了。女生被淋了半身的雨。仓皇之下，她下意识地抓住了我的臂膀，和我贴得很近。等风过去后，我们又恢复了正常。

那是我第一次和她约会，也是第一次和她发生肢体接触。我并没有认为她有什么非分之想，相反，我会觉得那是我没有用力撑好伞。最重要的是，她抓着我臂膀的时候，让我瞬间产生了一种小鹿乱撞的感觉。

要做好无意识触碰，就不能够把肢体接触当成目的。

我有一个女性朋友是一个手相迷，见人就给人看手相。无论男女，从没有人觉得被她看手相的时候触摸是一件不舒服的事情。如果碰到了她喜欢的男生，她会拿手指沿着对方掌心的纹路，一边滑，一边和对方讲解它的含义。

这种指尖划过手心的触感是非常棒的，有一种轻微的触电感。可想而知，男人非常容易在这个时候被激发出欲望（L）。

有时候无意识的肢体接触还发生在玩游戏的过程中。比如大冒险类的游戏，或者是运动类游戏等。

4.7 不一样的眼神，给男人以不一样的暗示

除了无意识触碰，当然还有“有意识触碰”，这里指的就是你的眼睛要会说话。

4.7.1 你敢看对方吗？

我相信你一定经历过这样的场景：

你参加一场聚会，席间来了一位陌生异性瞬间吸引住了你。你被这位异性的气质迷倒了，忍不住的会盯着他看。没过多久，他就意识到了你正在看他，然后他也转过头看向你。就在和他眼神接触的一瞬间，出于本能的，你立刻把视线转开。你会看手机，和旁边的人讲话，或是拿起一杯酒来掩饰尴尬。

接下来的事情也很简单，对方会把头转开，继续做自己的事情，并且很快地将你忘记。因为在他眼里，你只是一个和他有过 0.5 秒对视的异性，你和他的所有交集都只存在于这短短的 0.5 秒钟之内。而且他知道，你是一个没自信的人。你在回家的路上就会开始后悔，埋怨自己为什么当时没有勇气走上去和他聊聊天，为什么那么没用的就把眼神移开了。

其实不用问太多为什么，因为你就是缺乏自信。

正确的做法是，当你看帅哥并被发现的时候，完全不必慌张，保持镇定，不仅不要转头，反而要充满自信地继续盯着他看，只看眼睛，并在 1 ~ 2 秒之后送出一个淡定的微笑。此时，对方会发现，你同所有那些欣赏他的人完全不一样！

然后，他的脑子在飞快地想，此人到底是谁？我以前似乎没见过。在这几秒钟之内，能够决定很多事情，比如对方接下来会用什么样的态度对待你等。

有人会说，如果我就是不敢看对方眼睛怎么办？

以对方眉心为顶角，两颧骨为底角所形成的三角形，被心理学家称为“焦点关注区”。与对方说话时，如果你的目光不断游离于这个“三角区”，将给人留下被强烈关注、自己成为焦点的感觉。同时，你也不用承担太多对视的压力了。

4.7.2 眼神接触的 8 个等级

如果要给“眼神接触等级”做一个划分，一共有 8 级：

负一级：无接触（有意识）

这已经超出了最低等级的眼神接触，对方不仅不愿意与你眼神接触，还有意识地努力不看你。在高度亲密关系中，负一级就是“地狱”。你在对方眼里面就是个卖保险的推销员。

零级：无接触（无意识）

无意识的缺乏眼神接触说明忽视你的存在。无论是忙还是专注于什么事情，都意味着对方完全没有注意到你。

一级：一撇（无意识）

无意识的一撇是指对方虽然不知道在看什么，但撇你一眼然后马上将视线转移开。这基本上是对方的眼睛随意张望并偶然遇到你的眼神，然后还会继续张望下去。关键是对方不知道你们有过眼神接触并且不会留下任何印象。与零级一样，这个等级的眼神接触是中性的。实际上，大多数人不会注意他们平时看到的东西。

二级：一撇（有意识）

该级别的眼神接触是有可能对方对你有好印象的第一种类型。无论是害羞，尴尬还是冷漠，你与对方眼神接触，然后他马上有意识地转移开。

三级：一撇和一半

尽管只有一点点，但这是传递兴趣的等级。和其他低等级眼神接触一样，一撇和一半很微妙，并且不经过大量练习难以注意到。这是当对方看你并和正常时一样中断眼神接触时，但会比通常长一秒钟的时间。如果 2 级持续半秒时间，3 级就是 3/4 秒。这一点很微妙并且也是无意识的。

人们总是愿意花更多时间看喜欢的东西，即使在无意识状态下。因此在对方的意识里，虽然仍然与你中断了眼神接触，但实际上她比正常情况多看了一半时间。

四级：双撇

走在街上能够保持与人眼神接触是一个好习惯。任何时候与吸引你的人眼神接触并多看他几秒钟。他们中的一部分人会第二次看你。这就是兴趣的明确标志。这种时候接触对方的成功率非常高。

五级：凝视

尽管通常是有意识的，但也可能是发呆时正好把视线落在了你身上。如果他不是在发呆，凝视是有兴趣的明确信号。你知道该做什么。

六级：微笑

六级眼神接触是凝视加微笑，这是初次眼神接触等级最高的一种。因为它明确的传递了一个无声地“吸引信号”。只要你是他喜欢的那一种，他会主动来找你的。

4.7.3 对视越多，感情越深

强有力的目光接触，能让人迅速产生强烈的情感。这个结论早已经被一个名叫《互相凝视对激发浪漫爱情的作用》的研究证实。研究人员将 48 名互相不认识的男女放在一个大房间内，每个人要与自己的实验伙伴闲聊，并且要做到一定数量的目光接触。结束之后实验人员询问了每一位参与者对不同聊天对象的感觉。

结论就是，那些长时间注视聊天对象的眼睛，并同样得到对方长时间注视的参与者，他们所获得的好感比其他参与者要明显深厚许多。

说的接地气一点，就是温柔地凝视陌生人的双眼，可以让他对你产生欲望（L）。

科学家还发现，热恋中的两个人在聊天的时候，凝视对方的时间会比普通人要长很多，并通过一个非常巧妙的实验确定了这个结论。

他们先向几对正在恋爱中的情侣提了一些问题，从中获取每对情侣相爱的程度。然后将他们分别送到不同的房间，并且告诉他们，实验者很快就过来和他们做实验。这个时候隐藏摄像头记录下了情侣们在等待时候的反应，尤其是他们的对视时间。相爱程度越高的情侣，互相凝视对方的时间也越长。相反，不太相爱的情侣互相凝视对方的时间就比较短。

这个过程是可逆的。所以，为了让你喜欢的人从潜意识里面对你产生欲望（L），在见面的时候，就可以大幅度增加目光接触的时间。

第五章

和男人拉近关系的关键——氛围

我们的生活不是电影，不是那些精心编排好的对白，普通才是我们的常态。所以，想要和一个男人从认识到确定关系，一直保持高质量的互动，基本上不太可能，中间总会冷场，或是心不在焉的时候。

氛围（A）很大程度上依赖于我们的即兴灵感。就像是一条心电图，氛围产生的时刻，就是心电图处于峰值的时刻。善于制造氛围（A）的人，她们能够更多或是更早地加入这些闪光点。

5.1 制造氛围，轻松是关键

有这么一则故事：一个富商偶然得到一颗很大的钻石，钻石纯度很高，但就是在边缘上有一个黑点。于是富商各处寻人求解决方案。许多能工巧匠都表示束手无策，他们都怕万一切割不当而毁了钻石。

后来一个老匠人自告奋勇揽下活。做出方案后，却让自己新收的小学徒上手切割，只见小学徒快手一下，钻石被完美切割。富商不解询问老匠人，老匠人笑答："我告诉他这只是一块假的用来练手的。"答案水落石出，只是因为小徒弟认为是假的，所以他不紧张，很放松，坦然的去切割，问题才迎刃而解。

5.1.1 那些"冰山"女孩

曾经很多男生抱怨过一个问题，有些女生在约会的时候总会给他们一种非常奇怪的感觉：一直呈现出一种很明显的"高冷感"——不主动开启话题，在男生主动发起话题时反应也不咸不淡，她们通常会在着装打扮上表现出对约会的重视，但又在行动上呈现出拒人于千里之外的冷漠状态。简而言之，和她们相处时，男生很难感觉到他们的主动和热情得到"回馈"。

关于这个问题，我调查了很多女学员。导致她们呈现出这样的状态的原因有两个：

第一，她们只是想要呈现出一种“高冷”的状态。

有相当一部分女生会认为“高冷女神”在男生眼里很有魅力，比如影视文学作品里频频出现的痴心男人为了追求对他不屑一顾的“女神”赴汤蹈火肝脑涂地的剧情。

这种状态其实不利于氛围（A）的产生，它通常会让当事人少言、冷漠、心不在焉。如果你没有外貌上的优势，那么男生会很快对你失去兴趣。

第二，她们因自卑而变得“高冷”，因为对自己不自信，所以尽量保持缄默和内收的状态。而实际上，对面的男生是可以感觉到你的自卑的。

简单来说，长得漂亮的姑娘往往比颜值普通的姑娘更愿意出门逛街或者在网上发自拍；性格外向的人总是比性格内向的人更愿意参与聚会之类的社交场合；有才华有思想的人比起胸无点墨的人，更不惧怕在公开场合发表观点……

人的本能就是，在其他人面前尽可能展现出自己的优势，掩盖自己的劣势。那么同样的，如果一个人在和你相处的时候始终拒绝袒露自己的内心世界和真实反馈，最大的可能就是，她自己都认为自己的内心世界乏善可陈。这样下去，就会走进一个死循环：

你认为自己的内心不值得被看见和欣赏，于是封闭自我；

于是别人更加无法窥探你的内心，也无法把他们的内心拿过来分享；

于是你越来越无法得到心灵上的成长，内心世界更加贫瘠苍白。

这样日复一日下去，所失去的就不仅仅是一段感情或者一个心仪的男生，而是一次又一次让自己内心更丰盈，更有魅力的机会。

5.1.2 心态放松是吸引力的基础

想象一下你和闺密在一起的时候吧，两个人可能顶着乱糟糟的头发，穿着居家的睡衣，睡眼惺忪地啃着薯片煲着剧。什么都可以说，什么都可以不说。和闺密在一起，完全不会让你有任何的不适，简直和一个人的时候没什么两样。这就是一个极好的氛围，而这种氛围的关键就在于，你并不在乎你身边的人是如何看待你的，所以你很放松。

再想象一下面试的时候，你穿着严肃的职业装，坐姿僵硬，尽可能严谨地回答面试官的每一个问题。这时候，别说是开玩笑，就连普通的交流你都未必能够应付的好。这就是一个极差的氛围，原因无他，只是你太紧张，担心面试官对你的印象不好。

所以，无论是哪种包袱，它都会让你紧张并且内收。只要能够将其丢掉，全身心地去享受一场约会或开始一段感情，你才能把自己最轻松自然的一面释放出来，也就为氛围（A）的营造铺平了道路。

人都有趋利避害的本能，这决定了人们在选择长期交往对象的时候，普遍都会更倾向于选择那个更好相处，更容易让人感到“自在”的对象。当一个女生遇到一个心仪的男生时，带着轻松的心态去和他互动往往能获得最好的效果。

5.2 和人聊天都紧张的我，是如何自救成功的？

如何破除紧张，是长期以来都困扰我的问题。由于工作的原因，我经常需要参加一些公共会议或是讲课，也经常需要上台发言。但每次我都会无比紧张，即使我知道这没什么大不了。

我查询过大量的书籍，也参加过相关的培训，都没能完全根治这个问题，但我仍在尽量克服它。

5.2.1 自证预言

有一个经典的教育实验叫罗森塔尔效应（1968）。美国的小学老师都只教固定的年级，而不是像国内一样从小学一年级教到小学六年级。这意味着每一个学生在下一年遇到的都是新老师。于是某一天，罗森塔尔决定把每个班的新同学分成三个组，分别是天赋优异组、天赋中等组以及天赋缺乏组。表面上，这是根据学习成绩来分配的。可实际上，这完全是随机的。

在接下来的八个月里面，罗森塔尔给天赋优异组的学生更多的压力和挑战，理由是他们的天赋要强于其他同学。毕竟是随机分配，也会有一些“滥竽充数”的学生，他们有时候的表现并不好。但老师会告诉他们，你的天赋很好，也很有潜力，只是还没有找对方法，把天赋发挥出来而已。

在随后的最终测验里面，全年级的同学平均分提高了12分。而天赋优异组的平均分提高了27.4分，大大高于其他两个组。在第二年老师依然这么做，也得到了类似的结果。第二年全年级的同学平均分提高了7分，而天赋优异组提高了16.5分，同样还是远高于其他两个组。

天赋优异组的这些学生的学习成绩有了显著的进步，老师对他们在品行方面也做了较好的评价。在对这个结果加以解释的时候，罗森塔尔借用了希腊神话皮格马利翁的故事，指出：由于教师的期待不同，所以他们对儿童施加影响的方式也不同，而学生在教师的期待下，也往往会顺着老师的期望发展。说的再简单一点，就是语言结果会如何，我们就会受到这个语言的影响并为之付出努力，最后结果就真的被我们实现了。美国的社会学家Robert K. Merton把这个原理叫自证预言（self-fulfilling prophecy）。

这种心理学效应发生在我们生活的每时每刻，它的强大远超过我们的想象。

比如，有学员找我探讨穿衣搭配的问题。我发现，一个人的穿着确实能够在很大程度上可以改变一个人的气场。一件合身的衣服穿在你身上会让你走出去的时候更加自信，和人聊天的时候也会更加自然。相反，一件过于不合身的衣服就会让你浑身难受，做起事来总觉得哪哪都不对。另外，一件大牌的衣服会让你走在大街上的时候飘飘然，而一件地摊货可能会让你只想快点回家。

科学家们观察过，这两者之间的差别会影响到人类肢体语言的一切。如果穿的衣服完全不合身，那么就会相信今天你看起来很糟糕。于是你走路会没有自信，手不知道该往哪放，和人讲话的时候回避眼神接触等。如果你今天认识一个陌生人，那么他也可能不会有什么兴趣和你多交流一会儿。

同样的，如果你的穿着很有品位，那么走在路上你会提醒自己注意站姿、坐姿、会注意自己的气质。当你带着这种气场走进一家商店的时候，售货员也会感受到你的气质，从着装感受你对产品的需求。

5.2.2 你以为你是怎样，你就真的是怎样的

有人曾经做了一个有趣的相亲实验。实验人员找到一群大学生并且安排他们相亲。只是这个实验是靠电话完成的，男女双方都不会见面。实验人员通过偷听他们的对话，来评估他们的相亲进程。

在这个实验里，一部分男生在打电话之前就收到了女生的照片，而另一些则没有。最有意思的是，这些照片都是一些美女的照片，并不是相亲者本人。

最后的结果和实验人员想象的一样，那些收到了假照片的男生表现得更加积极，更加热情一些。而更重要的是，因为这些男生的表现非常的“好”，被安排了假照片的女生在电话里面也变得更加自信，而且给人一种很善于交际的感觉。

这些女生之所以会这样，是因为收到了男生的正反馈。你以为对方很好，你就对她很好。你对她很好，她就真的表现得很好。她表现得很好，你就更相信她很好。

这也能解释为什么很多人在约会刚开始的时候过于紧张，然后表现会越来越糟，基本没有反弹的可能。在一开始如果表现得紧张，很容易会导致说错话。这样，对方就会给你负面的反馈，比如不回复信息，或是打击你等。在得到了这些负面反馈之后，你心情很糟糕，后面的发挥就会越来差劲。

相反如果在一开始，如果我们很轻松地去约会，那么相应的表现也

会不错，这样对方就会给我们正面反馈，比如夸奖等。得到了这些正面反馈，我们就更加自信，于是一路起飞，越来越好。

不妨多给自己一些好的期望，尝试着去相信它。这些心理效应就会发生，然后还你一个好的结果，让期望变成现实。

5.3 尬聊的人，看完全部中招

聊天作为氛围（A）的一个重要部分，几乎可以说渗透在女生和男生的所有互动里。如果你不会聊天，那么氛围（A）就直接砍掉了一半。所以，让我们从简单的聊天开始吧。

5.3.1 日久未必生情

我以前在微博上看到过这样一句话“女生总是很容易爱上那个每天陪她聊天的男生”。

这句话看上去好像很有道理，评论区也有非常多的女生表示赞同，纷纷现身说法。

于是很多女生在遇到喜欢的男生时，也相信“日久生情”，坚持每天找男生聊天，即使没有合适的话题也一定要“刷刷存在感”，反正时间长了，总能聊出感情来。

这里有一个很重要的问题是：每天聊，频繁接触就真的能得到一个人的心吗？

在我教男学员追女生的时候，几乎每天都会有人问我，他每天和女生聊，每天送女生回家，每天约女生吃饭，却换来一张好人卡，更有甚者，有些女生会直截了当地说他们“很烦”，然后果断拉黑。

他们非常不解，女生难道不该爱上那个每天陪伴她的男生吗？

我在刚开始追求女生的时候也曾经相信过类似的话，得到心仪女生的联系方式之后就每天找话题跟她聊，实在找不到任何话题的时候就定时发早安和晚安，我曾坚定地相信，不会有其他男人像我一样每天联系她，“陪伴”她，每天和她聊天，所以，她总有一天会爱上我。

但事实上，过了不到半个月，她给我的反馈就越来越冷漠——回消息的速度从五分钟一条变成了一两个小时也回不过来，回复字数也迅速锐减，最初的一两天我们可以不知不觉聊到凌晨十二点之后，后来不到十点她就告诉我要洗澡睡觉了。

又过了一段时间，她和别人在一起了。

我一度非常不甘心，因为我知道，她和那个男生认识的时间很短，他根本不可能像我一样每天坚持陪她聊天，对她嘘寒问暖，和她时刻保持联系。但也正是这样的结局让我第一次开始反思，我一直相信的话是不是真的错了。

“日久生情”从理论上说是成立的。曝光效应告诉我们，人们普遍倾向于更喜欢自己熟悉的事物，我们见到一个人的次数越多，就越容易喜欢上他，并且人的精力和注意力都是有限的，每天在一个人面前出现的次数越多，也就更容易占据他更多的“份额”，在他的世界里占有更多的位置。

假设一个极端的情况，如果一个女生和一个男生被流放到一座荒岛上，彼此之间能接触到的只能是对方，时间长了，双方会产生一些情愫，这就是“日久生情”。

可是大家有没有想过，真实的世界不是一座与世隔绝的孤岛，我们所喜欢的那个人，他的世界里有自己的工作、学业、家人、朋友，也可能有其他的女生。这意味着，他是有“选择权”的。

和你聊天不够开心，他可以放下手机去打一盘游戏，看一集美剧，做一个工作报表，和哥们儿喝几杯。或者，换另一个女生来聊。

更重要的是，时间稍微长一点之后他发现和你的交往一直都不怎么有趣，他就会选择单方面地切断这种接触——就像是我喜欢过的那个姑娘最后不再回复我的消息，去和别人恋爱；也就像是很多女孩子想要通过聊天来追求喜欢的男生一样，但越聊越觉得吃力，对方的反馈也越来越冷漠。

这种时候，有些人可能会被吓得知难而退，如果心理素质再差一点儿的就被对方的“忽冷忽热”搞得方寸大乱，索性贸然表白。

但在这种情形下的表白几乎是失败的——因为是被迫表白，同时又对对方随时离开这件事非常焦虑。实际上，前期的“吸引”工作还没做好。

“日久生情”的本质是数量，而不是质量。所以，我们不能满脑子都想着和对方“取得一个联系”或是“保持在线”，这是为了聊天而聊天，并不是为了吸引而聊天。

如果不知道该聊什么，就会说一些不痛不痒的话。这样就会进入尬聊模式，最终导致氛围（A）消失。

5.3.2 别想太多，先聊下去

相关数据显示，现在的年轻人 83% 的聊天时间是放在微信上的。

微信作为一个聊天工具，让我们聊天方便了许多，但这仅限于朋友之间。如果是不太熟悉的男生和女生在微信上聊天，就会出现一个问题：因为信息量太少，不够了解对方，所以不知道该聊什么。

我们都知道，话题来源于生活。

假设两个同在一个城市的年轻人，他们的年龄、家庭环境、教育程度都是差不多的，那么他们接收到的信息其实也是差不多的。这是因为大家获取这些信息的媒介都差不多。

比如最近上了一部新的电影《×××》，在朋友圈特别火。你能够看到这个信息，其他人也能看到。如果两个人接收的信息都是差不多的，那么理论上就不会出现没有话题的情况。

所以，大多数时候，两个人聊不下去的原因是方法不对。

关于微信聊天，有两点需要注意：

（1）不断地问问题；（2）没话找话。

如果一方一直用“问问题”的方式聊天，那么会让对方觉得像在“查户口”，这种聊天模式会非常枯燥。如果在线下见面中采用这种方式，对方会觉得自己在做访谈；如果在微信中采用这种方式，对方就会转身投入其他事情，会迅速结束对话。

至于没话找话，主要是指很多人一看到聊天中断，就乱了分寸。然后想到什么说什么，而这些即兴话题的选择有时候是需要技巧的。

5.4 嘘…这里有个无限聊下去的方法

很多人跟自己中意的对象聊天时，会仔细斟酌每一句话，生怕说错一句话，对方就不跟自己聊了。

也有很多人以为，只要得到对方的微信，就等于对方认可并接受我们了，但其实并不是这样。聊天的质量会直接关系到两个人的后续发展。

5.4.1 关键词联想法

这里讲一个方法——“关键词联想法”即通过两人已经聊过的对话，从中找出关键字，进而产生新的对话，这样话题就可以一直延续下去。

举个例子，就好比说话的双方之前聊到了“学校”，那么跟学校有关的一些有意思的事情就可以聊，比如对方说了一句，“下周就要回学校了，但是还有一些想去但没有去的地方”。这时，我们提取“学校”这一关键词，联想跟学校相关的事情，那么你就可以说：“其实我也不想回学校，因为下个月就要去参加唱歌比赛了，现在都还没准备好”。

这句话里面你提到了“唱歌比赛”。那么这又是一个关键词。接下来，对方很可能就会和你聊到“唱歌”或者是“比赛”的事情。

那么，可能会有人问，怎么能确定对方就一定会接下去呢？也许对方只回复一个“哦”，怎么办。

这里需要大家记住一点——提供的信息越多，越让对方感兴趣，对方接下去的可能性也越大。

而假如，你没有提到“唱歌比赛”，而是直接回复“是吗，不要难过啦”，那对方从你回复的话语中提取不到关键词，就会致使聊天中止。

聊天不是想当然，而是一门技能。接着上面的对话，如果对方听到你说下个月要去参加唱歌比赛，他回答道：“你这次准备唱什么歌？”

很多人在这个时候，会按照惯性，直接把脑子里想到的歌名发过去。为了让对方足够感兴趣，请一定记住提供尽可能多的信息，比如回复：“我准备唱青花瓷，但是又有点拿不准，可是又想尝试爱如潮水。这两首你更喜欢哪首？”

每个人最关心的都是自己，每个人也想表达自己的个性。所以这样的回复满分。对方一定会接下去。也许接下来还会聊到更有意思的话题。

5.4.2 把聊天变得自由

大家可能已经发现了，一句话里面不一定只有一个关键词。还拿“下周就要回学校了，但是还有一些想去但没有去的地方”这句话来举例，这句话里面的第二个关键词就是：“想去但没有去的地方。”

同样的，我们也可以把这个关键词提取出来，然后展开对话。

这个关键词，大家能够想到什么？想想自己有没有一些想去但没有去的地方呢？

比如说北海道。

这时可以回复：“我也是，一直想去北海道，但是总是没时间”。

但是，为了让对方感兴趣，要尽可能多提供信息。

比如在说完北海道那句话后紧跟一句询问他想去哪儿的句子，然后他会给一个关键词，你再针对那个关键词展开。

这种聊天方式的好处是，双方对话不太容易中断。假如对话经常中断，就意味着我们需要经常会找新话题。要知道强行聊，氛围（A）就一定会被破坏。

5.4.3 结束聊天，是为了下一次的开启

不少人碰到过这样的情况：刚加到某人联系方式时，聊得还不错。但是第一次聊天结束后，想要开启第二次聊天就会变成一件困难的事情。

那么如何正确地结束聊天呢？答案就是——不结束聊天。即永远不要等话题聊完了，然后再说晚安，要学会留“梗”。

比如两个人在晚上聊天，聊到差不多的时候，就可以用一个理由切断话题，比如“我要去睡觉了，明天要早起”等。这就好比自己的财富有很多，但第一次我只展露一小部分，后面的再慢慢展露出来。

这么做就是为了让次日的对话省掉开场白这个部分。换言之，你的开场白，就是接着昨天晚上没有聊完的话题聊下去。

比如“昨天你问我怎么看待×××，我想了一下，我觉得……”。

这就是你的开场白，你再也不用去纠结那些无聊的打招呼用语，即可直接进入聊天状态。

如果大家能够习惯这种留“梗”的结束聊天的方式，从整体来看聊天记录就不会被小段一小段隔开，而是一整段聊天。

5.4.4 一个快速提高聊天反应能力的方法

人们都会喜欢有故事的人，因为他们的经历丰富，从对方的话语中找出关键词后就可以立马想到有意思的事情。但是，有些人则反应比较慢，这里提供一个练习的方法供大家参考。

仔细观察我们身边的物体，从中选择一个物体，然后通过一个词去联想一个故事。

在一开始，我们不用去追求故事的精彩性，但一定要保持速度，让自己尽可能地在 10 秒钟完成，想完之后再默念一遍。然后再选择下一个物体，依此类推。

每天坚持 5 ～ 10 分钟去做这个练习，大概在 3 ～ 4 周之后联想能力就会有一个明显的提升。这时，当别人聊到某个话题时，大脑的反应能力就会跟上。接下来，我们要考虑故事的质量问题，即这个故事是否有意思。建议可以请朋友或闺密一起练习，当对方说出一个关键词时，我们联想一个故事并讲给对方，多练多优化，故事就会越讲越好。

5.5 500次尬聊救场，我都靠这3个话题

每个人都有思维枯竭的时候，特别是在面对面的聊天中。本节将主要讲解几个救场的话题，作为我们聊天的辅助工具。

在遭遇冷场时，一般分为两种情况：

① 你对对方正在说的事情不够熟悉，无法接下去。

② 对方对你正在说的事情不够熟悉，无法接下去。

当遇到这两种情况时，我们不要慌张，要懂得适当地转移话题，就像听歌一样，一首歌不好听，于是我们把他换掉一样。

5.5.1 给对方做出一个评价

可能有人会担心，突然给对方做出一个评价，会不会很奇怪？事实上并不会，因为每一个人最关心的都是自己。

比如“我觉得你是一个特别有灵性的男生，有人这么跟你讲过吗？”这就是对一个人的性格做出评价。

或者我们可以对一个人的外貌做出评价，比如“嘿，你刚刚发的那条朋友圈，我突然觉得你长得特别像林俊杰。”

当然我们还可以对对方的衣着、饰品做出评价，就比如“我还是第一次看到有人用这种头像。”又或者“你的第一条朋友圈的自拍真的挺抓眼球的”。

所以，给对方做出评价，会让对方的注意力放在评价内容本身上，可以有效地转移话题。

5.5.2 聊最近的热点新闻和身边的八卦

就比如“最近的 × × × 事件你知道吗？”

或者“× × 昨天和我说，我们公司的谁和谁在一起了你知道吗？”

像类似事件是特别容易制造话题的。它们之所以能成为热点就是因为大家都很关心这件事，所以你不用去担心你讲出来这个话题他是否会感兴趣。

热门事件，人们多少都是知道一点的，所以基本都可以聊出个一二来。更好的一点是我们通过聊这些热门事件你就会发现他的兴趣点在哪里。

只不过，有一种情况的八卦会招人讨厌，那就是对方的隐私。

比如聊到婚姻，很多人会问：“你年龄都这么大了还不结婚啊？”这句话就十分容易引起他人抵触，对方内心的声音一定在说：“我为什么要结婚啊？跟你好像没多大关系吧。”

每个人在信任不足的时候都不喜欢被窥探隐私，所以，为了保险起见，还是第三方的话题，最为安全。

5.5.3 问一个对方会感兴趣的问题

我们问问题时尽量问一些生活化的简单易回答的问题，比如“让你选择一个地方去旅游你会选择哪里？”这个问题人们会愿意去回答。因为人们都喜欢展示自己的愿望，也喜欢旅游，所以也更容易转移话题。

除了旅游问题外，两性问题也是可以尝试的话题，比如“你喜欢什么样的女生啊？”

尽量避免问一些过于隐私的问题。无论选择的话题是什么，句型都大同小异。这些方法都是通过提出一个新的话题，来替代掉以前那个冷场的老话题。

切不可硬着头皮去接那个说不出来的话题，这样只会让自己变得更尴尬。

5.6 为什么大咖们都会聊天？因为会讲故事

在所有的文学体裁里，小说最受大众欢迎，而在社交场合中，会讲故事则成为一种能力。

人都喜欢和“有趣”“有内涵”的人打交道，一个能信手拈来几个故事的女孩子，在男生的眼里也一定是底蕴丰富，自带神秘魅力，且有强烈的“好奇心”和“探索欲”。当男生因你的故事开始探索你的时候，好的氛围会自然建立。

5.6.1 把控故事的节奏，尤其是开头

小时候在写作文时，老师告诉我们记叙文要遵从“起因—经过—结果”的顺序。而优秀的小说，也一定是在“起承转合”上做到完美，才能引人入胜。

当我们在与同性朋友/异性朋友聊天时，“节奏感”就尤为重要。因为对方并不知道你所讲的故事的长度及进度，所以“把控节奏”就需要由你来完成的。

举个例子，假设你要讲高三读寄宿学校时，学习压力非常大，好在和室友的关系不错，彼此间互相鼓励着过完了那一年。

如果我们只是按照上面的几句话讲完，这时对方从话语中捕捉不到有价值的信息点。

但如果我们把高三那年能想起来的所有事情都说出来，那听故事的人可能会觉得故事太冗长了，很快就会失去耐心。这同样不是一个合适的节奏。那么，什么样的节奏才是合适的、正确的呢？

即，快速切入，且能够吸引人的开头＋两三个让人印象深刻的桥段＋简洁的收尾。

还以“在寄宿学校读高三”这个故事为例，快速切入，且能够吸引人的开头是什么样的呢？

当聊到相关的话题时，你可以说在寄宿学校和室友们一起度过高三全年，那年是你从小到大最难忘的一年。

然后，讲两三件你和室友们一起做过的事情，比如通宵聊天，比如偷偷给某个人庆祝生日等，来表达彼此的友谊非常深刻。

最后，再附上一个简洁的收尾，“毕业后，大家各奔东西，有的打算考研，有的参加了工作，联系得也没那么多了，但我还是很想她们。”

这样的节奏就是对方听起来就是舒适的，有条理的。如果你的故事再有一点曲折性或者比较感动人，男生一定会更有兴趣听，聊天结束之后，也会对你讲的这些事情留下比较深的印象。

5.6.2 细节越真实，故事就越成功

讲故事的时候，如果不加筛选地把所有细枝末节都讲出来，显然是不可取的，但相反，如果没有任何细节，平铺直叙，这个故事也会显得很无聊。

比如，“我第一次被男生追的时候，可尴尬了”，这句话没有任何细节，它甚至称不上一个故事，最多算是一个“事件”。

那么，加上了细节的叙述是什么样的呢？

“我第一次被男生追的时候还是高中二年级，那时候哪有人敢谈恋爱呀，隔壁班的一对早恋生就受处分了。所以我看到那个男生就特别紧张，手心都冒汗，生怕别人看出来他喜欢我。”

上面这段话中，“高中二年级”“隔壁班的早恋生”“手心冒汗”，这些词都体现出了细节，是不是觉得故事变得更丰满，更真实了？

细节，就是让所发生的事情，更具有“画面感”。

当时的情况是什么样的，你的表情、动作和心态分别是什么，叙述得越详细、越生动，对方脑海里的“画面”就越清晰，越容易走进你的内心体会你当时的感受。

当听者进入那种情景后，也就更容易对你的遭遇产生“共情”，随之加深对你的理解。

细节越多，双方的话题就更有“延展性”，因为传递出更多的话题信号。

比如听者有可能问，“那你们后来怎样了呀？”或者他会联想到自己，说“想起来我第一次追女生的时候，比你也好不到哪里去……”

这样，你们就自然而然地“聊下去”了。

5.6.3 把他带入故事中，制造“参与感”

想要讲一个完整的，甚至跌宕起伏的故事，很可能需要大量的叙述和比较长的时间。极有可能出现的结果就是，你滔滔不绝地在讲和对方在听的过程中很难长时间集中注意力。想要一直抓住他的注意力该怎么办？

我们上学的时候都知道，注意力最集中的时候，就是老师准备点名回答问题的时候，所以，我们可以每讲完几句话就和对方进行一次简单互动。

比如，你要讲在大学社团里的故事，在开头就可以提问他：

“我在大学期间参加了三个社团，几乎一半的课余时间都是和社团的朋友一起度过的，你参加过社团吗？”

他的答案是什么并不重要，无论他大学是否参加过社团，你都可以顺着说：

“是吗，原来你大学的活动也这么有意思。大一的时候学校举办了特别多的活动，元旦晚会就是我和几个学姐一起主办的，我还登台唱了首歌……那你会唱歌吗？”

“我会一点点吧，但是没有在晚会上唱过。”

“哈哈，我当时在台上，看到台下都是人，吓得我差点忘词，好紧张……”

上述这段对话就很自然，对方简单的回应互动，足以证明对方把注意力一直放在你的叙述上，虽然他没有在你的故事中出现过，但却能够在和你的互动中找到“参与感”。

5.6.4 在故事中不露声色地自我展示

如果我们直接向喜欢的人表达“我很优秀，性格也很好，追我的异性特别多”，对方十有八九会觉得一头雾水，也不怎么可能会相信你。

但是，把这一切融入你讲的故事里时，就显得可信多了。

举个例子，假设你性格很开朗，有非常多的好朋友，喜欢到处旅游，又学了十年声乐。

这些属性都属于你的高价值，但它们都不太方便被直接展示——不太容易在前两次约会和聊天的时候就把你的朋友带给对方认识，也不方便与对方一起旅游或者唱歌给对方听。

那么，讲个故事也许可以帮到你——

“之前帮朋友过生日，大家想去酒吧坐坐。我们就找了比较有名的清吧。因为我唱歌还行，以前拿过奖。就去和酒吧老板商量，我是否可以登台唱一首歌。最后唱得还不错，大家也很开心，但是尴尬的是，下台的时候隔壁桌的男生走过来跟我要微信。”

短短几句话的叙述，就把价值都展现了出来。接下来，就可以在“唱歌”或其他话题再聊几个回合了。

需要注意的是：通过故事来展示自己一定要把握分寸，不要一次“自夸”太多，也不要说得太生硬。简单来说，这就像是在一部电影里植入广告，好的广告植入是“润物细无声”的。

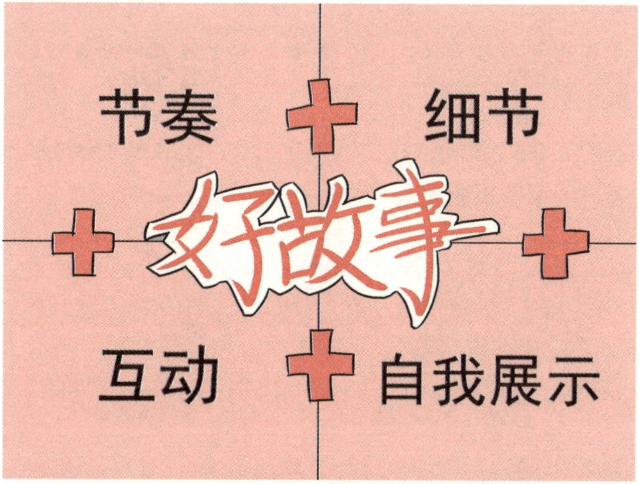

5.6.5 规避故事里的“场外杂音”

在讲故事的过程中，故事里可能会出现其他的人物，比如你的朋友、同学、同事等。但一定要记住一点，这些人存在的意义都只是为了推动故事情节，甚至在必要的时候成为你的衬托，而你才是故事的主角。

如果用故事创作的术语来说，他们都是“功能性人物”，是为情节发展服务的。千万不要让他们喧宾夺主，成为你故事里音量过大的“杂音”。

当一个女生给一个男生讲故事时，如果故事里不得不出现一个女性角色，且她的“戏份”还比较重的时候，可以找一个机会自然地提到她已经不是单身状态，并且不要过多地去渲染她这个人，只把她当作一个推动情节的一部分即可。

当对方抓住了一个故事的细节追问你时，而这个细节本身是你不打算展开的。这个时候你要做的是，通过最简单的语言简要地回答他的问题，然后重新把故事的主线拉回来——如果这个问题的确很难用一两句话说清楚，你也可以告诉他，这个要解释起来可能比较复杂，需要再讲另外一个故事了。

所以，要正确处理好这些“场外杂音”，让故事主线不跑偏，这样对方才能通过故事获取更直观和整体化的印象。

5.7 聊天太平淡？别聊了，来做游戏吧！

角色扮演这个技巧既可以用在微信约会上，又可以用在见面的互动里。这也标志着我们的氛围（A）即将从聊天过渡到行为。

5.7.1 也就是玩游戏

我经常和我的女学员们说，一个有灵性的互动，角色扮演是最好的选择。

“角色扮演”是和男生沟通时可以大幅度提升女生氛围（A）的技巧。它的魔力在于，这种看起来很傻的游戏，能够让双方放下社交防护罩。正因为是在闹着玩，不是真的，像过家家，所以什么话都可以说，什么事都可以做，即使周围有其他的人也都不会在意。

这里我引用《欢乐颂》里面曲筱绡和赵医生的一段对话来举例：

（两人开始暧昧不久，曲筱绡在家里，赵医生在车上发短信给她）

赵医生：小妖精干吗呢？怎么吃完唐僧肉就跑了？（曲筱绡曾因为嫌赵医生话多，而把他比喻成“唐僧”）

曲筱绡：不然怎样，难道等着孙悟空提着金箍棒来打……

（赵医生看到短信会心一笑）

赵医生：你两天没有给我发消息，觉得有点奇怪。

曲筱绡：不愧是孙大圣的师傅嘛，果然火眼金睛。最近有新的客户，需要好好准备一下，等我拿下来，就去找你哦！

赵医生：那你这客户要是迟迟拿不下来，我要是被别的妖精给抓跑了，怎么办呀？

曲筱绡：不管是什么妖精，都是我的小手下，拐跑你，也是抓来给本大王享用的。

赵医生：哈哈，那好吧，等你搞定客户……

好的，我再帮你把这段对话转成普通版本：

赵医生：在干吗呢？你怎么不找我了？

曲筱绡：不然怎样？

赵医生：你两天没有给我发消息，觉得有点奇怪。

曲筱绡：最近有新的客户，需要好好准备一下，等我拿下来，就去找你哦！

赵医生：那好吧，等你搞定客户……

差别是显而易见的。后者只是简单的信息交换。而角色扮演的版本在信息交换的基础上，加入了轻松有趣的元素，瞬间提升氛围（A），让对话变得精彩。

5.7.2 两个要点

这里的角色扮演的角色，通常来说都是一些非常简单，甚至带着一点点幼稚的角色。所谓的感觉，是通过这些小细节一点一滴累积起来，最后形成的。

需要注意两点：第一，所带入的角色要尽量符合人物个性。

第二，在一个恰当的际遇下面，顺势地代入角色，这样对方会更容易接受。不能太刻意，不然的话就会让对话变得奇怪。

角色扮演本身就是一种带有游戏性质的模拟互动形式，有很强烈的乐趣感。聊天越是好玩，对方就越喜欢和你聊天。并且更重要的，这种乐趣会投射在你身上，成为你的标签，他会觉得你就是一个很有乐趣的人。

善用这个技巧，一定让你的氛围（A）爆棚。

5.8 独立的女人，从主导约会地点开始

当我们和心爱的人手牵手压马路，享受只属于我们，至于身在何处，似乎显得并不重要。

如果对方还没喜欢上你，约会场所依然在吸引力阶段发挥着重要作用。

所以一个好的约会场所，就好比聊天中一个好的话题，是可以提高我们的成功率的。

那么，到底什么样的约会场所才算是好的呢？

5.8.1 主场优势

想象一下，男生约你去打壁球。可是你从来没有玩过这项运动。那么在整个约会过程中，你的表现将会如何？

不出意外，你的表现会比较糟糕。因为你从没玩过，就像是你第一次开车一样，非常僵硬。这些都会被对方看在眼里，如此一来，你今天的表现实际上是要低于你的正常发挥的。如果对方是一个苛刻的人，那么你在他心中就会扣分。也因为你的表现糟糕，从而直接影响了今天约会的氛围（A）。

那么，这时应该怎么办呢？这里建议：在初期和男生选择约会项目的时候，尽可能地放在你的“主场”。

比如：我的女助理是一个电影迷。她平时的爱好就是看电影，分析电影，写影评。她可以从导演的拍摄手法，故事的内容背景，演员的表演能力等维度去分析并且讲解一部电影。至少在我这种仅仅把电影当作娱乐项目的外行眼里，她已经是非常专业。

于是她每次和男生在电影院约会后，都会利用她对电影深刻的理解，来展示一下自己的内在。因此，她在很多男生心里都被冠以“才女”的形象，对她爱慕有加。所以电影院就是她的主场。

明确自己的主场，发挥自己的优势，可以给约会加分。

5.8.2 换场的重要性

一次氛围（A）好的约会就像是一部电影，一本小说一样。当故事充满了波澜曲折时，观众和读者很容易带入跌宕起伏的情节，从而获得某种奇妙的心理的体验。

假设，你和眼前这个男生就是故事的主角，那么如何保证你们的约会能够“跌宕起伏”？

很明显，坐在咖啡厅里聊一整个下午是单调的；坐在电影院里看一整晚的电影同样也无聊；河边散步看风景，用不了多久就会看腻。

但是，如果把这三个场景组合起来，那么就是一场很丰满的约会了。你们可以先在咖啡厅小叙一会，然后挑一部好看的电影，接着再去河边散步放空聊心事。如果你愿意，还可以加入更多的场景。

当加入的场景越多，双方聊天互动的素材就越多。而且每到一个新的场景，都有助于你和他保持一个好的心情，让你们的约会能量再次被点燃。

相反，如果一直待在一个约会场景里面，随着时间的流逝，你们周围看到的、听到的、感觉到的东西都没有任何变化，这会让你们的能量下降，觉得疲惫和无聊。自然，氛围（A）就下降了。

从心理学的角度来讲，和一个人在短期内经历得越多，越容易让两个人产生一种“好像很合得来”的联系感。

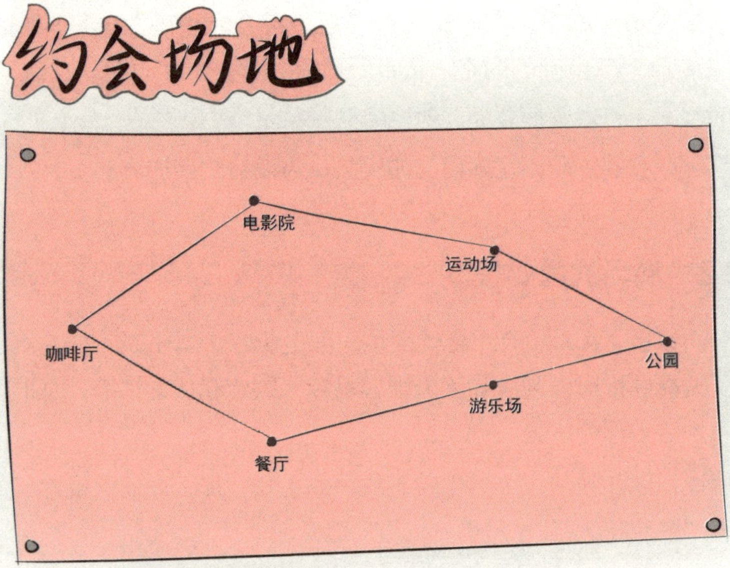

所以在约会时，不妨大胆提出换场的意见。

5.9 内向者指南：安静的力量

很多美好的爱情都起源于两个人“无声的陪伴”。在湖边，在夕阳下，在深夜的公园……这些“无声”的时刻，比起“疯闹”，也同样是两个人之间的甜蜜时光。

在前面我们讲过，一个完整的氛围（A），不应该只有开心和高能量，也需要有安静和低能量。而事实上，没有任何一个人能够保证在互动中一直处于亢奋状态，所以，如何能在安静中让双方处于高质量氛围，也是非常关键的。

安静通常都是在一个高能量的事件之后。

我第一次坐过山车，就是被一个热爱这项娱乐的女生带去的。直到齿轮传动之前我都极力抗拒着。后来，我尖叫得像个“傻子”，她笑得像个“傻子”。

从过山车上下来之后，我浑身大汗，瘫软在休息区的一张长椅上，脸色发青，四肢无力，没有力气说话。她跑去休息区的小商店给我和她各买了一个冰激凌，然后陪我坐在那里。

接着就是一段长达十五分钟左右的安静。我问她害不害怕，她回我一个疼爱夹杂着嫌弃的表情。休息好之后，我们又到下一个约会场地。

虽然我身体有诸多不适应，但对于我来说，这都是一段非常美妙的体验，这次体验让我记忆犹新，而这些绝不是单靠微信聊天就可以发生的。

所以，如果你们的约会行程一直都处于高能量状态的话，建议可以选一个安静的地方，让彼此的心安静下来，让高能量和低能量交替进行。

千万不要小看安静的力量。就像那句话说的——最美好的相处莫过于舒适且不尴尬的沉默。

第六章

让他认为你“懂他”的技巧——共鸣

人类总是孤独的，孤独的真正定义应该是无法互相理解。即使表面上看起来好像理解对方的意思，即使对方说过的话自己全都明白，也未必就能说是完全了解对方。人与人展开接触就是为了互相理解以及寻求共鸣。

6.1 共鸣就像爬楼梯，控制好节奏才是关键

有人在公众号后台曾经问过我一个问题："和男生产生共鸣（S）会很难吗？"

可以很难，也可以很简单关键要明白产生"共鸣（S）"的不同"层次"。

举个最简单的例子，假设男生邀请你一起去吃饭，男生喜欢吃海鲜炒饭，你也喜欢吃海鲜炒饭，这就算是最简单的共鸣（S）了，只不过这种共鸣的层次比较低，给两个人带来的感觉也不够强烈而已。

6.1.1 共鸣的第一个层次——爱好

对于爱好的理解，对于大家来说并不陌生。比如两个人都喜欢吃海鲜炒饭，都喜欢吃甜的粽子，番茄炒蛋都只放盐不放糖等。当然，往深一点说，也可以是都喜欢听周杰伦的歌，都喜欢李安导的电影，都喜欢隔三岔五短途旅行等。

爱好相似的两个人很容易彼此产生好感，因为一个人的爱好代表着自己的品位。当他遇到一个和他爱好相似的人，就会下意识地认为自己的品位是被对方肯定的，同时也会不自觉地认为，对方的品位一定也

不错。

这样，两个人之间就建立起初步的“认同感”。同时，有些爱好很容易延展出相似的经历，制造出更丰富的话题。

比如，一个女生和她心仪的男生都喜欢旅行，他们会很容易地聊起曾经去过印象深刻的城市，或者旅途中有趣的故事等。

值得注意的是，如果我们想要从“爱好”来切入和对方建立共鸣（S），有两个点比较关键：

第一，对方“最喜欢的东西”。

这很好理解，如果一个男人同时喜欢足球、游戏、骑行，但他最喜欢的还是看科幻小说，那么你从“科幻小说”这个爱好切入，一定会达到最好的效果。

第二，对方喜欢的东西当中“最小众，最不容易被其他人喜欢的东西”。

这个点会让双方的共鸣（S）显得更加“特殊”。就好比一个男生喜欢玩游戏，他有可能会遇到很多同样玩游戏的女生，但是如果他玩的是一款非常小众的单机游戏，刚好你也有所了解，那他一定会有一种遇到了“知己”的惊喜感，这样的“共鸣效果”就会事半功倍。

6.1.2 共鸣的第二个层次——情感和观念

这个层次也就是大多数人所说的“三观合适”。

事实上，大多数说希望伴侣和自己“三观合”的人，未必能完整地说出自己的“三观”（世界观、人生观、价值观）到底是什么，他们在表达这句话的时候真正想说的，就是希望当自己发表观点和表达情绪的时候，能够得到伴侣的理解、尊重和认同。

就比如说，当你看到女生走夜路被侵犯甚至杀害的时候，你的内心充满着对受害者的同情和对犯罪者的愤怒，而你对面的男生却说，女生作为弱势群体，晚上走夜路本来就很危险，她们作为成年人应该有保护自己的意识，而不是寄托于社会保护她们，所以，她们并不无辜。

你也许会认为这个男人非常冷血，甚至会认为他是一个秉持“受害者有罪论”的“直男癌”。那么到这里，无论他是不是真的冷酷无情，你对他都不大可能产生好感。

如果三观不一致，情感上会很难达成共鸣（S）。有人说，“观念”层面的东西与日常关系不大。但事实上，如果两人的“观念”差异很大，也就无法去试着理解和尊重对方的想法，会让两者产生矛盾致使最后分开。

6.1.3 共鸣的第三个层次——身份

一个人的“身份”包括他的原生家庭、教育背景、工作背景等方面，比如两个人都曾经在国外留学，两个人都在北京工作，两个人从事的行业都是互联网行业。

在我的咨询案例中，有很多家境比较优越的人在找对象时会希望对方和自己的家庭条件相当。

比如，有一个男生（父母都是开公司的）告诉我，他曾经交往过一个女孩子，这个女孩子在网络上小有名气，自己也赚了不少钱，但女生的家境条件一般，父母都是小城市的工薪阶层。

两个人在交往的过程中发现，两个人虽然都“不缺钱”，但骨子里的差异依然存在，男生总觉得女生太为物质焦虑，而女生总觉得男生不够有上进心太过于挥金如土。

交往了一段时间后，从不同的事情中两者发现遇到的矛盾越来越多，最后两个人还是分手了。

所以，两者的身份相当共鸣也会更多一些。

6.1.4 共鸣的第四个层次——秘密

秘密是共鸣（S）的最高境界，如果两个人到了这一步，他们的感情几乎可以跨越大多数的藩篱。

在小说《白夜行》里，雪穗和亮司之间的羁绊，就源于他们共同拥有的“秘密”，雪穗在童年长期被性侵，亮司为了保护她亲手弑父，他们背负着这个沉重的秘密，彼此扶持，艰难前行，也正是这个秘密，让他们的感情极其复杂，深刻和凄美。

当然，现实中并不是每个人都有这么沉重的秘密，但是每个人心里，一定都有一处不轻易示人的地方，如果你触碰到了另一个人心里的这一块角落，那一定意味着，他把你当作非常重要，非常值得信任的人。

而且，当你触碰到另一个人的秘密时，往往意味着你对这个人的了解会更上一个层次。

比如，一位女生发现她的男友非常粘着她，每次约会不管多远，他都一定要去她家楼下接，晚上再把她送回家，看着她上楼。

女生刚开始觉得很奇怪，甚至觉得他管得太宽，但后来她知道了男友的秘密——他曾经和初恋女友吵架，让她晚上一个人回去被强奸了。初恋女友无法忍受这件事情，离开了他所在的城市，和他彻底失去了联系。

女生知道这件事后开始理解男友，男友是因为无法面对自己曾经的愧疚，所以才想要加倍地保护她。

从上面的例子中可以发现，“秘密”的核心未必是要“相似”，也就是说，不一定男女双方的秘密非得是同一件事。

“秘密”需要的是“守护”和“交换”。同时也意味着，双方已经真正的互相信任。

共鸣

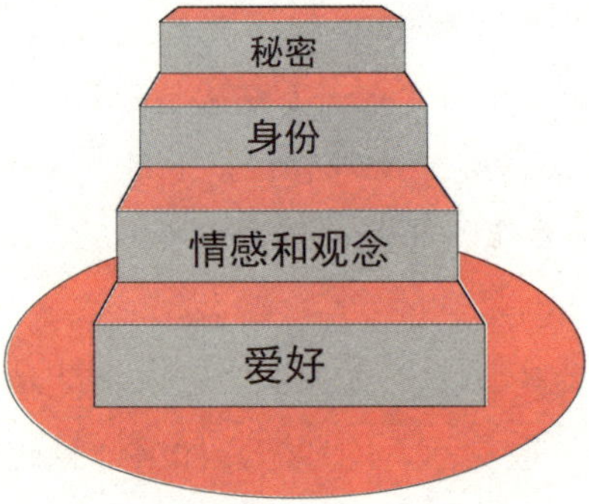

当对方把秘密告诉你的时候，你首先要向他表示，你非常清楚这件事情对于他的重要性，所以你一定会帮他保密，把他的秘密当作自己的秘密一样守护一辈子。

同时，你也可以借着这个机会，把你内心深处的秘密拿出来讲给他——你们的秘密可能完全不一样，但这都不重要，重要的是，你们都已经把内心最深处的隐私，袒露给了对方。

从此之后，你们之间的关系会变得不一样，在这个纷繁的世界上，共同守护一块只属于你们的“伊甸园”。

通常来说，共鸣的这四个层次是逐层递进的，放轻松，一步一步来，切不可急于求成。

6.2 找准共鸣时机，你就懂了他“一半”

有些人，动不动就询问他人的工资、工作，为什么不结婚、不生小孩。在她们看来，是在与对方拉近距离，试图交心，实际上是不懂得尊重与他人的界线。

6.2.1 天时地利人和

共鸣（S）一般发生在两人关系逐渐熟络之后，而“逐渐熟络”是一个比较模糊的时间区间。如何才能找到共鸣（S）的最佳时机呢？

需要同时满足三个条件，我将其概括为天时、地利、人和，它们分别是：

天时：两人正在互动聊天的时间段。

比如，在深夜或凌晨，人们会比较容易想到一些以前的事情或者伤心的往事，想要找人倾诉，这时情感就会迸发。

有人问，中午吃饭时间充足，是否可以呢？中午不是一个好的时机。因为这个时候对方可能刚下班或者在午饭，会出现在一个人多的社交环境里。不太适合去深聊，而且对方也未必能静下心去听你讲心事，与你深层对话。

地利：两个人周围的环境是否能够提供激发共鸣的氛围。比如，两人走在夜市的道路上，周围都是一些小商铺，挤满了人，连个坐的地方都没有，也许还有一地的垃圾，这个时候就不适合聊深层次的话题。再比如，在游乐场，周遭喧嚣着孩童和机器的声音，也非常不适合共鸣（S）。

安静舒适的环境，才是最适合去建立共鸣（S）的。比如，安静的咖啡厅、公园等，这些地方都是非常理想的。如果想要在微信上聊天，那么这个时候就要考虑到对方的环境是否适合。

人和：两人现在的关系是否允许双方去聊一些深层次话题。如果只认识了十分钟，就聊一些很秘密的话题，对方会觉得很奇怪。但是如果两人已经约过两三次会之后，再去跟他讲这些事情就水到渠成了。

总之，共鸣的四个层级，需要一步步来，这也是最安全的，凡事都不可操之过急。一定要同时满足天时、地利、人和这 3 个条件，方可进入共鸣。

6.3 共鸣原来可以很简单——2个步骤

当我们能在另一个人的眼中看到自己情绪和内在感受时，我们就能更好地对方达成连接。

6.3.1 输出和输入

共鸣并不是简单地去表达想法，每一次的共鸣都需要带上一种情绪能量。共鸣是一个相互的过程，它分为两个部分：输出和输入。

输出指的是一个人要把自己心里面的想法、情绪和感受表达出来，并且让对方接收到。输入指的是在对方表达自己心中的情感感受的时候，你也同样需要接收到，感觉到它们。

这就要求我们跟对方在沟通的时候一定要用心，集中注意力去听，这样才会不至于漏掉什么信息。反过来也是一样，当你想要表达自己的情感的时候，也需要用心去表达，而不是三言两语草草结束。

在实际的沟通当中，我们是不能强求对方去感受我们想要表达的情感的。这可能会有很多原因，也许对方现在并不在状态，也许对方的注意力现在并不在聊天上。所以我们的第一个问题就是如何尽量地去提高你的输出效率，让对方尽可能完整准确地接收到你想要表达的情感。

值得注意的是，表达情绪对于一些男生来说可能会是一个障碍。因为男生可能要比女生更加的坚强，更加的刚毅。老话说，男儿有泪不轻弹。如果一个男生经常去表达自己的情感，特别是一些负面情感，比如愤怒、沮丧，可能会被人认为很暴躁、软弱。

当然这是一个误解，因为男生也需要输出，和男生聊心里话的时候，女生要多一点耐心，多一点引导，要学会“吐露内心的感受”，下面来看两个例子：

比如：“经常看到路上抓着你买花的小孩，虽然知道那是假的，但毕竟才那么小，心里还是会难受，不是滋味。”

在这句话里，“经常看到路上抓着你买花的小孩，虽然知道那是假的，但毕竟才那么小”描述一个事实，“心里还是会难受，不是滋味”就是吐露内心的感受。

再比如：“刚上大学那会儿，只想着玩，什么也没学会。现在都快30了，才发现时间不够用。唉，18岁的一年和28岁的一年是不一样长的啊”。

同样的，“刚上大学那会儿，只想着玩，什么也没学会。现在都快30了，才发现时间不够用”是描述事实，“唉，18岁的一年和28岁的一年是不一样长的啊”是吐露内心的感受。

如果只有表述事实，那么就是简单的信息交换。真正让彼此产生共鸣的是吐露内心的感受。

6.3.2 把你的感受说出来

人们的经历各不相同，当我们与对方交流时，试着去具体化自己的感受。比如，对方做了一些让你非常不愉快的事情，这个时候你不能去说“我不爽”，因为这三个字太笼统了。到底是哪一种不舒服？是失望生气还是尴尬？你表达的越具体，对方接收到的就越准确。这样对方才能跟你好好沟通。如果你没有这个语言习惯，不妨在练习共鸣的时候，先放慢一点步调。理清思绪，然后再准确地将其表达出来。

如果你们是面对面交流，还可以善用肢体语言。

比如眼睛对视或者触碰。这个道理很简单，就好像我们在婴儿的时候，我们听不懂，也不会说，这个时候母亲就会过来抱你，或者是抚摸你，来让你感受到你是安全的。在恋爱的时候，两个人抱在一起说出来的“我爱你”会比平常的时候说出来的“我爱你”要更加深刻，更加有冲击力。

6.3.3 如果我是他

我们每个人的生活经历、教育程度和生长环境都不一样，所以我们不能站在自己的角度去感受对方的情绪，要暂时的忘掉自己，把自己想象成对方，然后感受对方的情绪，这种方法叫“角色带入”。

我们在带入角色的时候，要尽可能地去发挥想象力，设身处地地站在对方的角度思考。

假如对方现在在讲给自己童年留下不好回忆的故事，你能够根据对方所讲的内容去感受到那种悲伤的氛围，那么就证明“成功输入”了。反过来对方在讲一件非常开心的事情，你也会跟着开心起来，也是同理。

当我们掌握了输出和输入，也就掌握了与人共鸣的核心与精髓。

为什么我们在听《卖火柴的小女孩》这个故事的时候会潸然落泪?

6.4 99%觉得三观合的人，不过是聊了这4个话题

一个好的共鸣话题，必须要满足两个条件：第一个条件就是该话题必须是双方都经历过的事情，这样两人才能更好地理解并感同身受；第二个条件是话题要有一定的私密性，因为共鸣（S）是两人之间一种深层次的联系，你们聊的话题越深入越私密，就越能够加深两人的联系。

能够满足这两个条件的话题有很多，下面来介绍4个常用且管用的话题。

6.4.1 第一个话题：过去的感情经历

之所以把这个话题放在第一位，是因为当两人在聊到感情经历的时候，同时地表达了自己是一个怎样的人，以及自己在恋爱中是一个怎样的人，在这个时候，不管对方是否有心或无意，那么都会在脑海里思考，假如这个人和我在一起会是一种什么样的感觉。

在聊过去的感情经历的时候，有一条至关重要的法则就是求同存异。即把关注点放在两人故事的相同点上，这样两人就很容易产生一种共鸣（S）的状态。

比如两人曾经谈过的恋爱都不多，并且每一段恋爱的时间都非常

长。那么彼此会在各自心中得出一个结论两人在对待感情方面非常认真。接下来要做的就非常简单，就是彼此要把心中的给表达出来。

这一步必不可少，人与人之间交流思想，沟通情感最直接最方便的途径就是通过语言。

6.4.2 第二个话题：过去的负面经历

通常来说，这种经历是一种痛苦的、悲伤的经历。这是因为人们更愿意把一些正面的、积极的经历展示给大家，一些负面的、消极的经历会留在自己心里面，如果必须要将其讲出来，那么对面的听者一定是让自己特别信任的人。

在男女双方交流过程中，请注意，一定不可直接问对方诸如“你有什么惨痛的经历呀？”这类问题，只会增加自己吃闭门羹的可能性。

我们可以尝试去引导对方讲出他自己心里的故事，比如问他一句话，“那你有经历过类似的事情吗？”即使他在前面并没有想到或者是想要说出来，但是在你问过之后，他就会有很大概率在脑子里思考，然后说出来。

6.4.3 第三个话题：理想

这里的理想并不是指未来五年要买车、买房或是结婚等，而是一些“不一样”的理想。

比如，有人希望在未来的十年里去200所大学做巡回演讲；有人希望在生命结束之前去N个地方；有人希望收集每一片海滩的贝壳。

假如你有一些比较特别的理想，我希望你能够把它丰满起来。假如他也有一个类似的想法，那么你们就能够达到共鸣（S）的状态，即使想法不同，但至少都是“有理想的人”。

6.4.4 第四个话题：你们各自对对方的感觉

我们在社交时，会通过人的语言、肢体动作、眼神等细节来认识和感知，感知对方的习惯、有可能的喜好以及优点和人品。

如果他对你的感觉是正面的，那么你们就很有可能朝着正面的方向走下去。就好像你和你喜欢的人坐在一起，彼此都对对方有一定的感觉。这个时候你告诉他你觉得他是一个怎样的人，你为什么喜欢他，又是从何时何地开始喜欢上他的……并且你也问他，觉得你是一个怎样的人，当你们交换这些细节之后，你们会瞬间拉近距离。

6.5 男人的这个弱点，抓住就攻陷

每个人都有心情不好的时候，或许是因生活窘境，或许是因工作阻碍。无论如何，这都是一个人最需要陪伴和倾诉的时候。如果能抓住对方的低落时刻，往往很容易就抓住了一个人的心，尤其是男生。

在电视剧《欢乐颂》中，邱莹莹失恋了，曲筱绡说：“你真倒霉，又被男人甩了，不过这样的男人不要也罢。”这是同情不是共情。邱莹莹听完哭得更厉害了。

而关关则不同，她一句“没关系，你哭吧，我在你身边”。就让邱莹莹找到了精神的依靠，觉得自己即使失恋了，还有朋友，人生不至于太绝望和糟糕。

所以不同的安慰方式，会获得完全不同的回馈和结果。很多女生错误地以为只要简单的安慰就能够体现自己善解人意的一面，实际上这也是一门技能。

6.5.1 错误的方法

1. 比惨

比如“你这种情况我也经历过，当时我比你惨多了，你这都不算什

么。”对方本身就不开心，这样的话只可能会让对方觉得你在秀自己的经历，而没有注意到他的情绪。这种安慰逻辑，等于在告诉倾诉者，你是弱者，因为你是弱者所以才会有这些情绪。

2. 轻易下判断

当我们还没完全理解对方的感受时，就说出“我觉得你没必要这样”“我觉得你也有不对”“他可能不是这样想的，你或许误会他了”等话时，也许你是对的，也许只是好意，希望他振作。可是作为被安慰的那一方，情绪不佳之余，还要替自己申诉辩解。本来简单的事情，反而更复杂了，只会让烦恼更多。

3. 自以为是的建议

我以前以为这是男生才会犯的错误，后来研究了大量的聊天记录之后，我发现其实女生也经常陷入这个错误的逻辑里面。

人们本能误以为，对方的倾诉是为了寻求建议。没有等情绪冷却，就极其冷静理性地给出一堆建议。可是说真的，该怎么做，要这么做，当事人自己何尝不知道，何尝想不出来呢？只不过他现在沉浸在感性的情绪里，需要理解、安慰和陪伴。

错误的安慰，不仅无法带来真正的安慰，还会造成新的伤害，甚至让安慰者和倾诉者之间生出嫌隙。

6.5.2 正确的思路：态度大于内容

态度是针对人的情感部分的，一个好的态度，会让人在情绪情感上感觉到比较舒服。这个体验就会反过来影响人的理性思考。如果你走进一家高级的奢侈品商店里，你会发现服务员给你展示商品的时候，都是戴着手套的。说实话，完全没有这个必要，但是这个行为体现的就是一种态度。这会让你觉得你是真的被他们当成上帝。接下来，你就会认为这件奢侈品确实值这个标价。

内容则是人的大脑处理的信息部分，经过逻辑判断、权衡、抉择等过程，是理性思考。理性思考是人意识中的，会调控人的感受，但是相对较难，比如你不开心的时候想通过思考“想开点”，很难。你告诉你自己很多个不去难过的理由，但是你依然会开心不起来。

这就意味着：当我们跟一个人在互动的时候，同时是在两个层面上发生着互动：内容信息层面和情绪情感层面，即理性与感受。所以在安慰对方时，不要总是想着去说些什么，而要多想想怎么说。

那么问题来了：难受、伤心、不被理解，这些实际上都是一种感受，有这种感受是因为表达感受的时候受阻。当你在对一个人表达的时候，他只听到了你的内容信息——你的话语，而忽视了你的情绪情感——你的感受。

因此我们提供了一种可能性：在处理信息内容的时候，同时处理情绪情感。在回应对方的话语之前，先看到他隐藏的要表达的情绪，不要总是看对方在说些什么，而是要看对方说这些话背后的感受是什么。如果你能抓到这点，对方就会认为你是真正懂他的人。

比如：

男：我觉得可能真的不会有 4A 公司要我了。

女：其实你不用非要做这份工作呀。你可以做其他事嘛。

男生说这句话其实想要表达的是一种不被接纳，不被理解的困惑。但是女生则没有抓到这个信息，而是针对表面内容给出了一个“解决办法”，而没有留意情绪情感。而且，更糟的是，这个女生其实是站在了那些拒绝这个男生的公司的立场上说话，相当于间接地否定了这个男生的能力。这样就相当于把男生的情绪给堵了回去。男生本来还想着可以和这个女生谈谈心事，但是一听到这样的回复，就立马没有兴致了。

那么如果要针对对方的感受，对情绪做出回复，应该怎么说呢？

男：我觉得可能真的不会有 4A 公司要我了。

女：我大概能懂这种不被理解的感觉。其实在我眼里，你完全可以在任何一家 4A 公司做得很好。

对方一听，就知道你是理解他的，也是认可他的能力的，男生心里会很舒服。

当一个人在诉说的时候，只要他被理解，被倾听，多半会找出自己的答案。罗杰斯创立的人本主义的核心就在于此，给予一个人足够的倾听、积极关注、共情，他自己会疗愈自己，自己会找出办法。

难点就在于：你如何识别他的情绪情感。

首先你要有意识地分出一个自我听他的话，另一个自我去感受他的情感。不要怕自己人格分裂，健康的人都得有这种分裂的能力；其次就是把他当作你自己，如果你在他的背景里遇到这种事的时候，你会有什么感觉。注意，这里是“如果你是他”，在他的背景里遇到这种事的时候，而不是在你的背景里遇到这种事。换言之就是把他当成你自己去感受，而不是把他当成另外一个人去对话。

这里，需要你有另外一种能力，即感受自己的能力，比如你是否能知道自己的情绪情感状态，你是否会压抑自己情感而只靠理性生活；你是否能接纳自己内心的脆弱、和不开心；等等。

所以，你用什么样的倾听、理解、抱持、接纳的态度去回应他，远远重要于你回应了些什么。

6.5.3 具体怎么做

李中莹老师在《爱上双人舞》这本书里，介绍了一个处理他人情绪的方法，非常有参考价值。

第一步是“接受”。

一方面告知对方你注意到了对方有情绪。我们觉得自己最不被理解的时候，可能是默默生气、悲伤、愤怒却没有人觉知、关心。恋人没发现或假装没看到我们的情绪，我们会感到失望，觉得被冷落。

另一方面，要告知对方你接受这个有情绪的他。“你怎么又闹情绪了？”“你怎么又发火了？”“你干吗又发脾气啦？”这些说辞不管说得多么和颜悦色，其实都是在否定对方的情绪。

正确的做法是：“我注意到你有点不开心，想和我谈谈吗？”“你的状态跟之前有点不一样，告诉我发生什么事了？”

第二步是“探索”。

一个情绪里其实包含情感、事实、行动三个方面，分享的重点是情感和事实。

需要注意的是：一定要先探索情绪感受，然后再探索事情本身。

倾诉者总是忍不住先说事情，这个人多么过分，这件事多么不合理，这个遭遇多么让人生气，牢骚和激烈的言辞铺天盖地来。但是安慰者不能被他牵着鼻子走，你必须把对方的注意力迁移到他的感受上。

为什么？因为人对自己情绪的觉知和觉察，本身就是对自己情绪的瓦解。

第三步是“共鸣”。

观点上，你先把自己的意见放到一边，试着去理解别人的观点。同理心并不意味着要同意对方，但可以帮助你快速找到基本共识。

情感上，你去体验别人的感受，他们的恐惧、悲伤、失望。

首先要找出事情中你可以接受的地方，并进行言语上的肯定。你总能找到一些基本共识，比如“你这么考虑是有道理的！”“遇到这样的事情，肯定会生气的。”

这样一来，倾诉者在心理上，就不是孤立的，能感受到自己是被支持的，你是站在他这边的。

第四步是“行动”。

有些情绪，我们可以用陪伴，用语言宽慰来安抚。但有些情况，却可以用具体的行动来支持。

朋友的手臂划破了皮，语言的安慰让人心宽：“天呐，我看着都觉得疼，千万别沾了水”，但如果为她买来一个云南白药创可贴，就更加贴心。

室友准备辞职考研，十分焦虑，你开解她支持她之余，你尽己所能，为她要来难得的复习资料，会让她更加心安。

套用这个流程，我整合了一段聊天案例：

A：我真的纳闷，为什么我喜欢的人总是不喜欢我。

B：你现在不开心吗？

A：有一点吧，就是想不通。我条件也不差。

B：确实，你的条件挺好的。总碰上这些事也该郁闷。

A：哎，你肯定不理解。

B：相反，我理解这种难受的心情。自己明明做得挺好了，也努力了，但别人就是看不到。

A：对的，就是这样。

B：想知道我是怎么走出来的吗？

A：你怎么走出来的？

B：改天你陪我去个地方吧。

千万不要怕对方有负面情绪，因为这些负面情绪往往是你破冰，走进对方内心的窗口。当对方心情不好的时候不要急着说些什么。因为你不假思索地就开始由着性子说，很可能会伤害到别人。不仅达不到走进对方内心的目的，反而惹人生气。

6.6 女人，要适当让男神看到你的“眼泪”

有光亮也有阴影的人，才是立体的人，才更加真实，才能让人觉得这个人物丰满而有魅力。

喜欢一个人，最大的表现就是，愿意把最美好的一切都给对方，乐意把自己的一切都表现给对方，包括自己的脆弱面，以及从未给外人道及的话题。

6.6.1 知根知底的感情

我们可以试着想一下，和自己最要好的闺密之间，是因为什么而变得亲密无间的？

那个瞬间，往往不一定是彼此的“高光时刻”，反而极有可能是双方的“至暗时刻”。

比如失恋了一起喝醉酒，流着眼泪大骂前男友的时候；或者生理期痛得死去活来，闺密递过来暖水袋和巧克力的时候；再或者是被炒了鱿鱼没钱交房租，躲在闺密家里分一碗泡面的时候。

我早年在为男生提供情感指导的时候，听很多男生讲过那个让他爱得痛彻心扉的女生。说实话，他们很少跟我强调这个女生有多么优秀，多么漂亮，多么光彩耀眼……相反，他们会说，和她分手之后，也接触过比她更漂亮的女生，但还是忘不了她。

有一个男生跟我说，他的女朋友很漂亮，学历高家境也好，但是他始终记得，自己对女朋友真正产生强烈感情的契机，是交往了半年之后，女朋友告诉他，自己被确诊了抑郁症。

那天女生说，这件事情她不敢告诉父母和朋友，却又实在没有办法独自承受，于是，他成了唯一一个知情者。女生还说，如果这令他为难，自己可以主动离开。

但是他紧紧地抱着她，直到她在自己的怀抱里逐渐放松下来开始大哭。他感觉到女朋友的脆弱和无助，也感觉到她对自己的信任和依赖，于是，他对她充满了前所未有的保护欲和怜惜。

在那一刻，他和她就像是共同守护着同一个秘密的战友，两个人之间的感情也从寻常的恋人关系，变成了更深刻的“牵绊”。

人与人之间最珍贵的“爱”，就是在这样的时刻产生的——它和“优秀”没什么关系，反而更关乎于某种狼狈、难堪和脆弱。

6.6.2 展示你脆弱的一面

有一句话说，爱的产生，是自我袒露的同时，被对方看见——这里的用词是“袒露”而非“展示”，就暗示着在此处，你让对方看见的不再是你优秀的、美好的一面，而是你脆弱的、黑暗的一面。

其实原因也很简单，因为我们每个人都知道，任何人，包括自己，都不可能是完美的，无论我们如何让自己“优秀”，这都只是我们的一个面，而另一个面，永远都有不能轻易示人的脆弱和软肋。

我们都明白，这种脆弱只能拿给最亲近的人看，只有最亲近的人才愿意看到你的“不优秀”，愿意包容你的“不完美”。同时，也只有最亲近的人才有意愿帮助你，拯救你。

所以我们也会认为，当一个人只让你看到他强大的、优秀的、完美无缺的样子时，他其实对你还是“设防”的，他没有把真正完整的自己交给你，你们之间依然存在着一层无形的阻隔。

那么反过来说，你喜欢的人，也会用同样的态度来看待你，他们也期待着能够了解你的脆弱面，然后拥抱你、保护你、帮助你，在这个过程中感觉到被你信任和需要。

这就是为什么那些只展现出自己的优秀、完美和强大的人，可能往往很容易被关注和被喜欢，但难以拥有长久、深刻的恋爱关系。

但请不要误解，脆弱的一面和优秀并不冲突，不是对立而存在的，优秀的人也必定有脆弱的一面。

如果要打比方的话，“优秀”更像是一块敲门砖，你要用它敲开对方的心门，让对方认可你，愿意看见你。

然后，你再把更真实、更完整的自己呈现在他面前，从而让彼此建立更深刻的情感联结。

我们每个人，都是这样用自己的“优点”去吸引一个人，再用自己的“脆弱”去爱与被爱。

6.7 共鸣也要讲“缘分”，如何快速识别他是否真的适合你

看到这里，相信你已经获得最有用的共鸣技巧。作为本章的结尾，我想说：并不是每一个人都能够与之共鸣的。

6.7.1 那些“不是一个世界”的人

“不是一个世界”在这里指的是：你的心智高过对方太多，抑或是你的心智低于对方太多。

比如：我们无法和朝夕相处的父母共鸣，即使你们每天生活在一起，知晓双方的点滴。

从理论上来说，他们是这个世界上最亲近的人，应该更容易做到共鸣（S）。但并不是这样，毕竟年龄差距太大，导致心智差距太大。你经历过的，他们没有经历过。而他们经历过的，你没有经历过。

当我们用不同心智衍生出来的视角去看待事物的时候，大家的看法和感受是截然不同的。这就是为什么我们通常很难和父母沟通的原因。

如果你有被催婚的经历，就能深刻体会到这种双方的不理解。你不懂为什么他们比你还着急，他们也不懂你为什么一点都不着急。

原因很简单，你们是两代人。在他们那个时代，这个年纪确实就需要结婚了。他们是这样，他们的朋友们也是这样。那就是他们内心对婚姻最真实的认知。只不过，和你不一样罢了。

你没有看到过“上山下乡”，也没有拿粮票买过大米，更没有因为过年能吃上鸡蛋喜极而泣。

你只是知道他们年轻的时候过得很苦，而过得很苦只是一个事实。就像我前面说的，事实不具备共鸣（S）的功能，感受才是共鸣的核心。你没有经历过那种苦，也就不会产生相应的感受。没有感受，就没有共鸣（S）。

反过来，他们也不能理解现在的年轻人为什么喜欢蹦迪，沉迷于电子游戏，以及可以盯着手机傻乐一整个下午。当这些你再熟悉不过的事物出现的时候，他们已经老了，何况，他们也不一定非要接受这些不可。别忘了，他们有他们自己的世界。

那么，同龄男女，也会出现这种情况吗？

很遗憾，会的。

我在巴黎上学的几年里，深刻的感受过一种无可奈何。想要和当地人成为朋友很简单，甚至比和国人成为朋友更简单。但要和他们成为知己，基本不可能。原因无他，我们从来就是两个世界的人。

“不是一类人”这个念头绝不仅仅存在于不同文化环境下。你是否也有过一种感觉——当你和一个人仅仅三言两语交流过之后，你就从心中暗自决定，你再也不会见到这个人了。

从对方的穿着、谈吐、肢体动作以及说话的思维逻辑里，你能够很快地洞察这一切。当然，你也在被别人洞察着。

受制于教育程度、家庭环境等因素的影响，很多人都拥有着和他实际年龄不符的心智水平，无论是高或者低。在我的学员里面，就有一个23岁却极度理智的小姑娘，已经可以代替我，帮助其他学员们做情感指导了。同样也有 30 多岁，却从来没有谈过恋爱，都不知道男人为何物的女生。

很明显他们两个女生的爱情观会大相径庭，对感情这件事的感受也不同，所以不太可能产生共鸣（S）。经历和感受是装不出来的，有就是有，没有就是没有。

一个在事业上非常忙碌的男人，很难感受到一个邻家女孩的柔软心思。

一个困扰于柴米油盐的家庭主妇，也很能体会到一个追风少年的鸿鹄之志。

听起来很沮丧？我认为完全不必。

有人说，我们一生都在寻找那一个和我们相似的人。其实也就是在寻找那个能与我们共鸣的人。

如果我们无法与一个人共鸣，或许我们还可以庆幸，上天让我们把机会留给了某一个真正对的人。

第七章

不同恋爱场景下，三元素如何助你制胜情场

本章将给大家分享一些实际案例，从这些案例中，大家可以很容易地看出三元素是如何在不同场景中潜移默化地发挥作用的。

7.1 场景一：异地相思苦，想见男（女）神

异地恋是恋爱中人最不想要的一种模式。

一方生病的时候，另一方不能立刻赶到你身边，而是只能在电话的一端说最苍白无力的“多喝热水”；

一方需要一个拥抱的时候，另一方不管发多少个亲昵的表情，都比不过一个真正拥抱的温度；

一方情绪低落的时候，另一方不能借个肩膀靠，不能帮忙擦眼泪，只能在手足无措地安慰；

如果两个人要是吵架，只要其中一方赌气把另一方拉黑或者手机关机，瞬间感觉自己的恋人就这样从世界上凭空消失了一样……

有人说，异地恋就像养了一只“手机宠物”。

也有人说，在异地恋当中，想要传递的温暖都被削减了一大半，彼此间的伤害和冷漠却被放大了好几倍。

从三元素的角度分析，“异地恋难以维持”是肯定的。

7.1.1 欲望（L）的空白

在三元素当中，“欲望”是对“距离”要求最苛刻的一项，无论是拥抱、亲吻还是更进一步的亲密接触，前提都一定得是“在身边”才行。

对于大多数年轻的、热恋中的情侣而言，这种“长期没有亲密接触”的恋爱关系多半是比较难维系的。

对于二十多岁的男人来说，欲望（L）是他们在恋爱中不可或缺的一个部分，很有可能会因为“空虚寂寞（本质上就是欲望得不到满足）”而发生越轨行为，导致感情走向终结。

有一个身处异地恋中，却对身边的其他女孩子动了心的男生跟我这么说，他非常需要自己的女友可以经常给自己真实的拥抱和亲吻。

我不赞同他的做法，但我知道，他的话非常真实，也非常现实。

很多异地恋的情侣为了解决欲望（L）层面的空白，想过不少办法，但遗憾的是，并不能解决真正问题。

7.1.2 氛围（A）的薄弱

氛围（A）可以被拆解成两个方面：一个是聊天对话，另一个是面对面的行为，这个我在前面有讲到。

异地恋就意味着，“面对面的行为”比较困难，需要在“聊天对话”上多做出一点努力。

也就是说，异地恋的“氛围水平”，从起跑线上就比朝夕相处的情侣要弱50%，而即使是剩下那一半可以在线上完成的“聊天对话”部分，也要吃亏很多。

因为这时的“聊天对话”，并不仅仅是“把字面意思表达清楚”而已，真正能够带动氛围的聊天，一定是要带着“情绪能量”的。

从情绪能量角度来说，带着语气变化的“声音”一定远远大于冷冰冰的文字，如果再加上面对面的表情和肢体语言，文字本身就显得更薄弱了。

异地恋的情侣要面临的一个问题是，他们不仅没有办法经常约会、看电影、去游乐场玩，而且还要时刻看着身边的情侣做这些事情。

其实最怕过情人节的不是单身人士，而正是这些明明不单身，却无法和恋人约会的人。

这种孤独感，以及“明明我也有伴侣，却无法做这些事情”的不平衡感，会让你的情绪更差，也会间接地影响到你们的氛围（A）。

7.1.3 共鸣（S）的单调

异地恋中唯一的竞争力是共鸣（S），因为“共鸣”更接近于心灵和情感层面的交流。只要双方有共同的爱好，有相对比较一致的思想观念，有不错的情感基础，即使不见面，通过线下电话和线上聊天也可以在一定程度上维持情感共鸣。

但很多时候我们的情绪不仅需要被理解，更需要被安抚——而这种安抚，就很难靠单纯的“聊天”进行了。

所以，LAS 三元素之间是相互作用的，氛围好了就会带动欲望，共鸣到位了氛围自然也就变好了——它们很难长时间地“独立存在”。

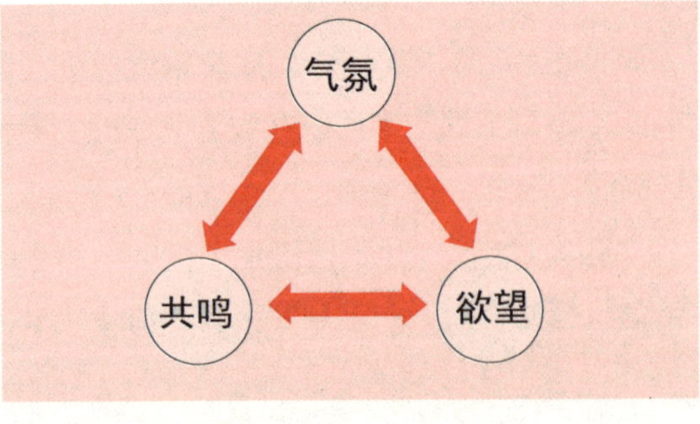

这也充分说明异地恋情侣的欲望和氛围如果一直处于相对的低点，共鸣（S）也不太可能长期地维持在高点上。

如果可以选择的话，尽量不要去挑战异地恋这种模式。但是，如果你真的遇到了非常喜欢的人，你们需要一段时间的异地恋才能相聚和相守，那么就必须要考虑清楚其后果和带来的风险，而且一定要明白如何才能在“异地恋”阶段的感情维系好。

而且还有一个事实是，“异地恋”的本质并不是一种“恋爱模式”，而是一个“恋爱阶段”。所谓的“本地恋”和“异地恋”也并不是一成不变的，在美国已经有了调查数据，称75%以上的伴侣都至少曾经因为工作调动等原因，经历过一段时间的分离。

所以，无论你是否打算进入，或者已经身处异地恋当中，你可能都有必要学一学，如何尽可能地在“异地恋”阶段维系住你们的感情。

7.2 场景二：微信聊天，要让文字变得有温度

通过前面的讲解，相信大家能够看出，L、A、S三元素之所以至关重要，是因为它贯穿了一段关系的始终，时时刻刻地在恋人之间存在着。

从最初的刚刚认识，这三种元素就已经开始潜移默化地发生作用了。

而聊天，我们可能会用到不一样的社交工具，就目前来看，用微信聊天的人占大多数。在微信上，两个人的沟通和对话往往是被“扁平化”的，三元素的作用也是相对被“削弱”的。

这就意味着，在同等条件下，恋爱双方需要对三元素有更强的掌控和调度能力，才能最大限度地发挥出它们的作用。

7.2.1 欲望：拘谨回避还是大胆展示？

有这么一个现象，不知道大家是否有过关注：

在社交网站上，头像如果颜值很高，当你每发一条朋友圈时，收获到的点赞数会很多，私信也会很多。

但是，如果头像是普通的素颜照片，点赞量将会锐减，私信也寥寥无几。

而如果使用系统默认的头像，那可能点赞量和私信会更少。

这或许给一部分女生打开了一条“捷径”，但遗憾的是绝大多数女性都不懂得，甚至不愿意利用好这条捷径。

我几乎每一次和学员交流的时候都会强调，要善于运用你的“性感”和“魅力”，不要害怕让男生看到你好看的照片。但有些女生可能对自己的外形不够自信，不愿意让男生过多地看到自己的样子。但这样的结果往往就是陷入了一个恶性循环：

你认为自己不够漂亮→羞于展示自我→得不到来自他人的肯定→你更确信自己不够漂亮→于是你更加缩手缩脚，无法打开和释放自己。

到最后，就会真的毫无魅力。

没有男生愿意接近这样的女生，同理，女生也不会喜欢上这样一个男生。

其实，在聊天“激发欲望”，除了照片和视频这种“外形”层面的展示，还有一个经常被忽略的触发点，就是“语言挑逗”。

“语言挑逗”包含了两个方面：第一，内容上往往更具有“私密性”；第二，形式上有语气语调的变化。如果两个条件都满足，则更容易触动对方的情绪，将“欲望值”最大化。

比如，当男生问女生正在做什么的时候，女生的答案是：我刚洗完澡，在吹头发。

无论是“洗澡”的行为，还是“正在滴水的长发”这个画面，毫无疑问都是会让男生产生“欲望”的。

一个女人的“性感”，并不完全取决于她“拥有”什么，更来自她愿意“展示”和“释放”什么。

7.2.2 氛围：强行尬聊还是多元调动？

市面上有很多的图书，在教人们如何在微信上和喜欢的人聊天。我在做情感教学的时候，学员也会经常来问我，怎么才能在微信上和喜欢的人顺利地聊下去。

这些内容归根结底，都是在指向“如何营造一个良好的聊天氛围”。

当我们在微信上开启聊天的时候，其实氛围（A）就已经被削弱了一半，原因前面内容有讲到，这里就不多讲了。

许多聊天中的一方或者双方，并不具备良好的“聊天能力”。让我们看下面这个例子：

一个女生和喜欢的男生不在一个城市，他们只能在微信上聊天。

她不知道该说什么，于是每天坚持早上七点发“早安”，过十分钟之后把男生所在城市的天气预报发给他，到了晚上十点，再发一条“晚安”。

就这么坚持发了三个多月，她认为男生一定能感觉到自己对他的关心和喜欢。

男生一开始还会回复女生，也会对女生表示感谢，但时间长了，男生发现她除了这三条信息，根本没有其他有意思的话题，于是越来越不愿意回复女生的消息了。

最后，男生每次打开手机看到她的消息都觉得厌烦，对她的好感不仅没有提升，反而降低了。

从上面例子中我们可以发现，男生和女生之间并没有找到更多有意思的话题，而是在“强行尬聊”，最终导致“氛围”水平下降。

好的“氛围”是什么样的呢？

首先，聊天双方要保证“高质量的氛围水平”，而不是“天天尬聊”的聊天频率。

比如，一个礼拜男生和女生只聊了一次天，但他们聊得很开心，很舒服，那么对双方的感情就是有好处的。

但是，如果男生和女生天天尬聊，越聊越吃力，越聊氛围越冷，对双方的感情反而不利，致使一方越来越不愿意跟另一方聊天。

其次，不仅要有语言文字的交互，而且还要有多元化的互动形式。

有这么一个概念，叫“连麦”，就是两个人不在彼此身边的时候，会保持微信电话的通畅——而且，不一定是非要处于聊天的状态，而是“仅仅让电话通着”，让对方听到你在那边做什么。

你可能在工作，他会听到你敲键盘的声音；你可能在吃饭，他会听到筷子和碗碰撞的声音；你可能已经睡了，他也会听到你呼吸和翻身的声音。

你们没有在对方的身边，但这就是一种近在咫尺的陪伴，能够让电话那边的那个人感觉到踏实和安心。

这也是一种非常好的氛围（A）。

7.2.3 共鸣：毫无回应还是同频对接？

如果说欲望（L）分“高低”，氛围（A）分“好坏”，那么共鸣（S）这个元素就显得极端许多。因为共鸣的评判标准是“有”和“无”。

在微信聊天中，能够切入共鸣的机会有很多：双方发的朋友圈，分享给对方的文章，或者聊天过程中的某一个带有情绪能量的关键词……都有可能形成契机，让双方进入“走心”的深度交流中。

营造共鸣（S）并不需要多少精心准备的聊天技巧，所要做的，是“体察”到对方的情绪，然后和对方调整到同一个情绪频道上，实现情绪的“对接”和“共振”。

如果一方没有体察到另一方的情绪，或者一方体察到了，也无法和另一方进入同一个频道，证明双方之间的共鸣就不可能存在。

举一个很简单的例子，一个女生喜欢的男生正在大城市打拼，某天晚上十点多女生和他微信聊天，女生问他，“睡了吗”？

男生说，“还没，刚下班，好累”。

这个时候，如果女生没有感受到这句话中包含的情绪，或者女生不知道该怎么安抚这种情绪，就只能回一句“好吧，那你快回家休息吧”。

那么，对话也就这样不痛不痒地戛然而止了，没有情绪能量的流动，也就没有共鸣（S）。

但是，如果女生捕捉到了“好累”这句话所暗藏的负面情绪，并且能够懂得这种情绪，就可以接上这个话题。

或许女生就会说，“我也曾经为了生存熬夜工作，能够体会你的疲惫和焦虑”“我虽然没有加班到这么晚过，但是高考前经常通宵学习，能够想象到你累的程度”“我熬夜的时候会准备热牛奶和宵夜，你也记得吃点东西，照顾好身体……”

男生看完女生发的信息后，会从字里行间感受到，女生懂他，关心他，让他感觉到了情绪上的“同步”和“温度”。共鸣（S），就这样产生了。

也许这个晚上，男生和女生会互相倾诉更多的心事，女生也会成为男生心里更特别的存在。

7.2.4 三个元素密不可分

在微信聊天时，要时刻关注彼此间的“三元素水平”，而且要尽可能地兼顾它们。

一种元素被激发之后，很有可能带动另外两种元素的出现；反过来也一样，一旦一种元素消失，剩下两种元素也会随之湮灭。最好的聊天状态，一定是“三元素交替上升”。

比如，女生在朋友圈发了一张好看的照片，成功地激发了欲望（L）这个元素。

女生喜欢的男生看到了照片，主动找女生开启话题，并进行夸赞女生美貌。女生很开心并向男生表示感谢，那么此刻，“聊天氛围（A）”也随之被激发了。

接着，就会顺理成章地继续更多的话题，也顺理成章地更愿意和对方聊心里话，那么，共鸣（S）的产生也就成了水到渠成的事。

反之，糟糕的聊天状态则是“三元素交替消失”。

比如，女生忍不住向自己喜欢的男生表白之后，男生没有给出明确的答复。

从此之后，女生和男生的每一次聊天都会变得尴尬和紧张，女生无法像从前那样自然地和男生开玩笑，转而变得小心翼翼患得患失，这个时候，双方的氛围（A）就开始僵化了。

当聊天氛围不再轻松愉快时，双方的下意识反应都将会是在之后的交谈中更加封闭自己的内心，那么，很多原本能说出口的心里话都说不出来了，共鸣（S）也就没有办法再存在了。

最后，当男生面对一个既不能好好聊天，也无法走进他内心世界的女生，每天只能在微信上说几句不痛不痒的话题时，他也不可能对这个女生产生长久的欲望（A）。

于是，在很短的时间内，双方就无话可说了。想要再重新激发双方之间的三元素，再度获得对方的好感，也就不那么容易了。

好在，前面我讲了几个救场话题，还记得吗？

7.3 场景三：初次约会中，如何恰到好处地展示你的魅力

在现实生活中，很多人会通过微信聊天的方式和手机另一端的朋友相邀约会。

只要能把约会做好，对方会更快地喜欢上你。

7.3.1 亲密互动的艺术

绝大多数人想到欲望（L）这个元素在约会中的体现，会下意识地反应为一个风情万种的美女，无论是穿着还是妆容都非常性感迷人。

这种外表上的“性感”元素当然是欲望（L）最明显的体现，事实上，男人对女人产生欲望的触发点，从很大程度上来讲确实是源于女人的外形。

但这很容易把女人引向一个误区，让她们觉得，欲望（L）和颜值一样，是基本“固定”的，除非整容，或者对外形进行非常显著的改动，否则就很难激发欲望。这点是不对的。

事实上，大部分女性是否能够激发欲望（L）这个元素，很大程度上还是取决于是否愿意和男人亲密互动。这也是前面强调过的“主动”的好处。

可能很多人的刻板印象中，亲密互动都是以男生为主，比如在影视剧里，男人总是主动赞美女生的外形，主动和女人拥抱接吻。但现实当中，大多数男人还是有点“胆怯”的，会担心如果自己主动发起的亲密行为不被女人认可，就会被这个女人认为“别有用心”，从而彻底失去继续接触的机会。

所以，他们非常需要先得到女人的“许可”，比如，女人主动和男人牵手，或者帮他整理衣领的同时触碰他的手臂，甚至只是给他一个带着“迷惑”色彩的眼神等。一旦他们感受到了这份许可，欲望就会得到鼓励，从而变得加倍强烈。

那么，在什么时刻，什么契机去“激发欲望”呢？这个可以由自己来控制，可以在初次约会引入欲望（L），也可以在第二次或者第三次约会中引入。

但前提是，必须要有“亲密互动”的意识和能力，而不是将其拒之门外。

7.3.2 你约会时都说什么?

这是一组很常见的约会对话:

男生:吃完饭我们去干点什么呢?

女生:随便啊。

男生:呃……那去电影院看看有什么电影吧?

女生:都行啊。

男生:或者你想喝点什么吗,旁边有饮品店。

女生:随便啊。

……

女生为什么会做出这样的反应?可能是她压根不想继续约会,也有另一种可能性,就是她紧张。

她不知道做出什么选择更合适,不知道怎么才能让两个人的关系更进一步,她怕自己做错,于是索性放弃选择,把皮球又踢了回去。

但其实,这种紧张感,本身就已经在破坏双方的氛围(A)了。

紧张感通常分为两种:大脑层面的紧张和身体层面的紧张。

大脑的紧张会让双方的对话变得乏善可陈,因为女生紧张,所以总是担心自己说错话,结果就会下意识地说得更少,试图减少信息和情感的表达,更不要说在对话中开启一个新话题。

男生问上午在家做什么时,女生应该要告诉他,"我在微博上看到了好几个好玩的段子,又在小红书学会了一款新的妆容,和闺蜜聊了一个多小时大学时候的往事,最后还上淘宝买了一条新裙子,下次见面想穿给你看"。

每一件事情都或许能引起对方的兴趣,近而展开一个新的话题。但如果女生紧张,只回答"玩手机"。

这个答案是几乎没办法接下去的，这就是我们经常说的，把天聊“死”了。

而身体的紧张也会让人的姿态，表情和动作都显得很僵硬，给人一种“坐立不安”的感觉，这会让交谈的一方觉得“哪里怪怪的”，这同样对营造氛围（A）不利。

只要一方不那么紧张，用和闺密相处的态度来面对另一方，双方的氛围（A）就一定不会差到哪里去。

只要不那么紧张和拘谨，都会让自己变得很有趣。

7.3.3 你是否“想要”懂他

和线上聊天一样，在线下约会中，共鸣（S）的体现同样是极端的，这就像是脑电波的连接一样，要么你们处在同一个频道，就是“有共鸣”，要么你们不在同一个频道，就是“没有共鸣”。

我在之前讲过，对方给你讲一件事情，你如果体会到了他的情绪，和他有类似的想法，无论你做什么，你安慰他，你和他继续探讨这个话题，或者你什么都不说，只是走过去拥抱他……只要是做到了情绪的连接，这都是你们实现了共鸣（S）。

但反过来，如果你对他的情绪毫无感觉，对他的想法也不能认同，那么你所说的每一句话，做的每一个行为都渗透着“我不理解你”，那就都是没有共鸣的。

如果一定要说有什么事情可以帮助两个人的共鸣加深，那就是你愿意去“体会”对方的感受，愿意设身处地地站在对方的角度，感受他当下的情绪。

举一个很简单的例子，如果你还是个大学生，和一个已经参加工作的男人恋爱，他向你表达出他最近工作上出了点错，被扣掉了一个月的奖金，可能还无缘年底的升职。

你对这一切可能都没有概念，你既不明白他的工作是怎么一回事，更不明白对于一个事业上升期的男人来说，工作上出了错漏影响升职是一种怎样的压力。

于是你可能只是不痛不痒地安慰了几句“没关系的”,“会过去的”。

你们之间一定是无法达成共鸣（S）的。

那么这种时候，怎样的做法才是“引起共鸣”的呢?

在演员的自我修养中，有一个概念叫做“真听真看真感受”，就是说，也许你没有经历过他所经历的这件事情本身，但是人与人之间喜怒哀乐的情绪是相通的，你要让你自己，尽可能地靠近他当下的情绪。

你可以做一个简单的类比，由于我们的社会文化影响，男人对于事业的焦虑基本可以等价于女人对于外表的焦虑，男人担心自己事业失败的心情，基本上就像是女人担心自己变丑一样。

如果你想要理解男人工作上受了挫折，可以试着想象一下，你一个礼拜没有控制饮食和坚持运动，一称体重，发现自己胖了五斤，这一刻的你是什么样的心情，你需要恋人给你什么样的安慰?

你可能需要一个拥抱，可能需要他的肯定，希望他告诉你其实你并不胖，不需要减肥，还需要他向你表达爱意，告诉你无论你胖瘦，他都依然喜欢你……

然后，你就可以把类似的安慰传达给你的伴侣，你也可以去拥抱他，告诉他在你心里他依然非常优秀，依然前途无量，也告诉他不管他有没有钱，事业是否成功，你都一样爱着他。

此刻，你就有可能体会到了他的情绪，和他实现情绪的连接。

尽管你可能依然没有经历过他的困境，但在他心里，你已经成为能够“懂得”他的那个人。

和线上聊天一样，线下约会中的元素也同样是相互作用的。

在影视文学作品里不乏这样的桥段，一对男女进行了一次双方都很满意的约会，在轻松舒适的聊天中开始涉及更多深刻的，触及灵魂的话题，其中的一个话题可能触动了某一方的伤心往事，两个人的情绪愈发强烈，通过拥抱和肢体接触来彼此慰藉……那么再之后，也许上演激情香艳的画面了。

这个过程，就是从氛围（A）到共鸣（S）再到欲望（L）的交替上升。

那么反过来，如果你在约会中，对于对方表现出的情绪无动于衷，错过了和他取得共鸣的机会，你们也找不到下一个有意思的话题，氛围也开始转冷，那么，在这种尴尬中，可能你们都只想尽早结束约会，也就没有机会再去从对方身上探索欲望了……

这样的一次约会中，三元素交替消失，很有可能就不会再有下一次约会了。

7.4 场景四：热恋期，如何让感情保鲜

经过前面几个章节的铺垫，我们已经逐渐了解了L、A、S三元素如何在恋爱初期的聊天和约会中发挥作用，也知道怎样把三元素活学活用，为不同类型的恋爱关系助攻。

但是，如果一段恋爱关系逐渐趋于稳定，甚至开始步入婚姻，是否还依然适用于L、A、S模型？

毫无疑问，是的。毕竟长期关系中也同样需要“感觉”和“火花”。

只不过，在长期关系当中，L、A、S的表现形式可能会略有不同。

7.4.1 欲望：强度减弱，外延拓宽

有一个常见的规律：普遍情况下，一对恋人的“激情”都是随着时间的推移逐渐消退的，并且不会受恋人双方欲望水平的影响。

简单地说，即使我们或是对方都有着不错的外表和身材，随着恋爱的时间越来越长，激情也会逐渐消退。

这里要解释一个词——“柯立芝效应”，即绝大多数的哺乳动物在交配过后，雄性都会有一段时间无法激起性欲的“不应期”，但是如果

给雄性更换一个新的雌性配偶，该雄性的“不应期”就会大大缩短。

这阐述了一个事实，在长期关系当中，两个人的性欲强度一定是呈下降趋势的。

也许这种下降并不是直线的，而是可能会在某个瞬间，比如换了一身新的性感睡衣，或者两个人解锁新姿势，更换地点，尝试“角色扮演”之类的新花样时，感觉到久违的激情再度被点燃。

但如果站在更长远的视角，这种“爱火重燃”终究是昙花一现，总体来看，依然是螺旋式下降的。

但是，“性欲强度”的降低，就一定意味着“欲望”这个元素的消退吗?

并不是，欲望（L）是一种始于性别的、原始的、没有理由的、不受理性控制的，让人想要接近你的冲动。

这里的“接近”并不一定非得是“性行为”本身，比如想看见，想拥抱接吻，这都是欲望（L）的一部分。

在恋爱和相处的初期，这些欲望的“外延”部分往往容易被忽略——因为“性行为”本身的新鲜感尚未过去，大多数人，尤其是男人，会下意识地把见面、拥抱、接吻等行为都理解成“性行为”的前奏。

但在长期关系中，“性行为”的热情逐渐趋于平缓，但是依然很迫切地想见到对方，想拥抱对方来表达爱意……这同样是欲望（L），只不过转换成了另一种形式而已。

很多结婚多年的夫妻会说，他们可能很久都没有一次实质上的亲密关系，但他们每天晚上必须睡在一起，握着对方的手就会觉得踏实和安稳。

这都是在说明，只要是两个相爱的人，他们的“欲望”就会一直存在，以不同的方式，滋养着他们的感情。

7.4.2 氛围：从“强刺激”到“舒适感”

和欲望（L）一样，氛围（A）似乎也是一种在长期关系中很容易被“淡化”甚至“消失不见”的元素。

在恋爱初期，男生每个月可能都会送花给女生，隔三岔五带女生去吃大餐，想方设法准备浪漫的约会。而女生也沉迷于他的幽默风趣或者博学多才，他讲的笑话，开启的话题女生都很乐于倾听。

但是，恋爱了三年五载，甚至结婚之后，女生会发现可能连生日都很难收到花了，他不再送你“华而不实”的东西，认为在家做饭比出去吃西餐要舒服得多。同时，女生对男生也很久没有曾经的“仰慕感”，他讲的笑话听了无数遍，他的话题也听得耳朵起了茧。

大部分人所说的，长期关系中的“平淡”和“乏味”，很大程度上就是体现在这里——即彼此之间没有那么多的“强刺激”了。

这个阶段对于很多女人来说都是非常痛苦和难熬的，她们会觉得曾经那个有趣的，无微不至关爱自己的男人“变了”，也会觉得曾经甜蜜浪漫的爱情一去不复返了。

但其实，大家都忽视了一点——除了浪漫、欢笑、过山车一样的情绪起伏等“强刺激”之外，还有一种非常重要的良好氛围（A），叫作“舒适感”。

也就是舒服、自在、不用端着，完全放松的感觉。很可能接近于我们在父母或者非常亲密的闺密面前的感受。

比如，女生可以素面朝天地躺在沙发上追剧，不用考虑坐姿是否雅观；可以披头散发地喝可乐吃薯片，不用担心吃相是否好看；可以两个人坐在一起一整天，各自玩手机也不觉得尴尬和无聊；也可以不顾形象地大哭大笑，不用顾忌他会不会嫌弃不够淑女……

这种轻松和舒适，难道不也是一种正面的氛围（A）吗？

而这种氛围，只有相处很久，感情稳定的伴侣才有可能实现。

要知道，想要换一个能给我们带来“热恋期”感觉的人可能并不难，但是，能和一个人从热恋期的刺激，一直走到最终的“舒适”，就未必那么容易了。

7.4.3 共鸣：愈发深刻，或者终将“揭穿”

在三种元素当中，只有共鸣（S）不仅不会被时间打败，还很有可能因为相处时间更长，而变得愈发深刻。

毕竟，共鸣（S）的核心是两个人之间的“情感联结”，是“互相体会”和“互相懂得”的羁绊。而两个人相处的时间越长，往往就意味着越多的沟通，意味着更多信息和情绪的交换，同时也意味着，双方一定也拥有了更多的共同经历。

比如，两个人共同参加的几次难忘的旅行；共同在大城市漂泊；共同养了一只宠物甚至一起养育了自己的孩子……类似的事情越多，两个人的感情就会越深，也就越难以分离。

因为这一切都会有助于两个人的共鸣（S），让彼此越来越像是一对真正相濡以沫的伴侣。

但是，有一种情况，会让两个人相处的时间越长，反而越“难以共鸣”。

那就是，两个人最初在共鸣（S）这个元素上就是欠缺的，而且双方没有积极主动地沟通来获得理解，而是由于其他的原因，“强行装作”有共鸣。

随着时间越来越长，两个人当中的一方或者双方“装”不下去了，彼此之间共鸣（S）的幻影也就随之被戳破了。

举个很简单的例子，一个男生在追求心仪的女生，女生是一个文艺、感性，很情绪化的姑娘，男生则是一个标准的“直男”，对于女生的小情绪和小情调一无所知。

为了追到女生，男生强迫自己陪她去看艺术展览，提前背好资料好和她多聊几句天；也陪她看爱情剧，在她为男女主角的爱情落泪时拥抱和安慰她……一来二去，女生认为这个男生懂得她的心思，就和他在一起了。

但事实上，男生依然对她的爱好和情绪毫不了解，他可以因为对这个女生的喜欢而勉强自己陪她看几次展览和几部影视剧，但时间一长，他还是难免会产生厌倦和无聊的感觉。

这个时候，在女生的视角里，就变成了“这个男人以前很懂我，和我很合拍，但现在他变了”。她会觉得，她和他之间不再拥有共鸣，她开始对他失望了。

他们虚幻的共鸣（S），只能是乍见之欢，而非久处不厌。

在这里，“时间”就像是一把利刃一样，毫不留情地刺破了男人制造的梦幻泡影，而她验证出的是一个一直以来的真相。

7.5 场景五：不确定期，他是喜欢我吗

当喜欢上一个人的时候，我们会将关于他的事情，或是我们的相处细节反复放大，揣测他每一句话中是否蕴含什么深意，试图找到对方喜欢自己的蛛丝马迹，但往往，因性格或刻意隐藏，我们很难判断一个人的真实心意。不过，在三元素面前，这都不是问题。

7.5.1 那些“口水文”教你的事情

如果我们随便找一个搜索引擎，输入“男人喜欢你的表现”，基本会出现以下这些内容：

① 他每天都会主动找你聊天，有话题的时候聊，没话题的时候强行找话题聊，连看到一朵奇形怪状的云都要拍下来发给你。

② 他总是在你面前耍帅，把自己打扮得酷酷的，玩类似吉他、篮球这种很“炫酷”的技能，或者摆一些奇怪的造型拍照片给你。

③ 你们聊微信，他发的字数永远比你多，你发一句“好的”，他都能给你回复四五行。

④ 你情绪不好的时候，他会想方设法安慰你，尽可能地陪在你身边。

⑤ 你喜欢的一切他都会放在心上，他会翻遍你的朋友圈和微博，了解你爱看的电影、爱读的书和喜欢的明星，只为了和你多一点话题聊。

⑥ 他和你在一起的时候总是想要牵你的手，想要亲亲你、抱抱你。

……

看完这些内容后，你会有什么感觉。有些人甚至会把这些内容作为一个标准去衡量自己的另一半。

这些标准有没有道理？有的。

总和你聊天当然是喜欢你，你不开心陪着你肯定也是喜欢你，经常在你面前耍帅那更是喜欢你……

但问题在于，这些标准里的“男人”，好像是批量化的流水线产品，一旦“喜欢”上一个女生，就像是按下了一处开关，开始自动执行以上的各种表现。

事实却是，每一个男人表现“喜欢”的形式是不同的。

有的男人会天天跟喜欢的女生说早安晚安，有的男人不会说废话，但他总是约喜欢的女生出去。

有的男人在喜欢的女生不开心的时候拼命安慰，有的男人不善言辞，他只会紧紧拥抱自己喜欢的女生。

有的男人迫不及待想和喜欢的女生牵手拥抱接吻，有的男人则怕冒犯喜欢的女生，连碰到手指尖都会触电般立刻缩回手。

“喜欢一个人”的确是有迹可循的，但这个“迹象”不是具体到“他会说出哪一句话”或者“做出哪件事情”，而是说，他对女生的所有表现，都是围绕着 LAS 三元素进行。

7.5.2 他对你只有欲望

有个男生说，他对一个女孩深深着迷，女孩长得漂亮身材也好，他疯狂地迷恋她，不放过任何一个和她见面的机会。

但他们每一次见面几乎都只有肢体接触，却没什么兴趣和她聊天，也不关注她喜欢什么讨厌什么，每天心情好不好。

可能有些女生也遇到过这样的男人，不能说这个男生他不喜欢那个女生，只是这种喜欢的层次很浅，可替代性也极高，如果他遇到一个更漂亮更性感的女生，这份“喜欢”就很容易转移了。

7.5.3 他对你只有氛围

很多女孩身边都有这样一个男生，和他在一起可以畅快地喝酒聊天，也可以无所顾忌地勾肩搭背，更可以肆无忌惮地大笑，心情不好的时候只要看到对方，也能迅速地“回血”。

但同时，作为朋友的“你”在他面前好像完全不像一个“女人”，不管是化全套妆穿小礼服还是素面朝天穿 T 恤牛仔裤出现在他面前，他的反应都差不多。

即使心情不好的时候想见对方，也会选择一起吃顿火锅或者喝点酒，而不是把情绪说出来彼此安慰。

7.5.4 他对你只有共鸣

我上学的时候比较流行“笔友”，两个陌生人互相写信倾诉心事，说出很多不能对身边的同学朋友说的秘密。

可能从始至终两个人都没有见过面，更没有一起愉快地玩耍过，但那种亲密感却是身边的人无法取代的。

那时候，有不少异性“笔友”聊得多了，就产生了某种微妙的感情。

我高中时候的一个女同学有一位“笔友”，两个人书信往来了三年，从小时候喜欢看的漫画到高三的学业压力，他们无话不谈。很多次我看到女生在写信的时候不自觉地嘴角上扬，或者情不自禁地泪流满面。

高考之后，男生来她的城市探望她，两个人坠入爱河，恋爱十年之后步入了婚姻殿堂。

这就是典型的因为共鸣（S）而相爱。两个人本身就有很深的情感联结，见面之后在欲望和氛围上又没什么问题，顺理成章地就走到了一起。

7.5.5 他对你兼具欲望（L）和氛围（A）

一个男生想要亲近一个女生，认可她的外表和魅力，时刻想和她亲密接触，每天都想和她见面。

他们的相处也算比较愉快，他会尽量让约会不冷场，愿意逗她开心，也愿意和她共同生活。

……

如果一个男生这样对待一个女生，证明两个人已经具备了成为恋人的基本条件，如果彼此都没有更好的选择，只要女生做出一个暗示，他可能就会主动追求了。

这两个因素的组合保证了两人相处的和谐和愉悦，而同时彼此又对对方有着吸引力。但可惜的是，出于某些原因，两个人并没有什么深层次的共鸣，也谈不上真正的了解对方。所以这种关系通常不会太长久，经常出现“来得快去得也快”的情况。

7.5.6 他对你兼具欲望（L）和共鸣（S）

一个男生把一个女生视为知己，愿意把心事都倾诉给她。

他也会花很多时间和她聊天，安慰她陪伴她，读她读过的书，看她看过的电影，阅读她的每一条微博和朋友圈。

同时，他也想要和她更进一步，他望着她的眼神往往很炽热……

如果是上述这种情况，他们也完全可以成为恋人。可能唯一需要思考的就是，这段感情能不能"落地"成功，灵魂共鸣之后，彼此是否能够在日常生活中也找到乐趣。

欲望（L）和共鸣（S）的组合，意味着亲密伴侣和知己的组合。这种组合往往不需要两个人高频率的面对面接触或是约会。当有欲望或是心理难题的时候，再找对方就可以了。

7.5.7 他对你兼具氛围（A）和共鸣（S）

一个男生和一个女生关系像是朋友，却又比朋友更深刻，因为他几乎把自己的全部都分享给她——他的快乐、他的悲伤、他生活的点滴。

他们在一起的时光永远那么开心，她的每一个眼神他都懂。

他们可以有聊不完的话题，或者哪怕什么都不说，共处一室各做各的事情也不觉得尴尬。

……

从上面的这个例子中可以看到，女生能感觉到自己喜欢的这个男生也喜欢自己。会经常一起吃饭，散步聊天，甚至是出门远游。一切似乎都很美好，只是有一个问题：他就是不跟这个女生表白。其实有一个简单的词可以形容这种情况：友谊区。

进入友谊区的他们通常都是在满足了氛围（A）和共鸣（S）的情

况下，缺少了欲望这个元素。说得直白点，他对她少了些冲动，少了些“那方面”的意思。

会造成这种情况的原因很多，也许这个女生的长相不是他喜欢的，也许她的身材臃肿，也许她走路的姿势缺少一些韵味，也许她吃饭的时候不够优雅，也许他曾经对她有过欲望但被拒绝了，也许他是个同性恋……。如此，他们就被困在了友谊区里。

除此之外，还有一种情况会让双方进入友谊区，即男友逐渐失去了对女友的性冲动，发生关系的次数越来越少，质量也越来越低，直到最后没有亲密行为。

7.5.8 最浓烈的感情——三元素全齐

我们来做一个总结，三个元素当中只要存在任何一个，都可以证明男生对我们是有点“意思”的，兼具两个，则基本可以判定他喜欢我们。

当然，最好的情况是三者皆有，双方能亲密到一起，能玩到一起，也能聊到一起。

不过一个事实是，很少有情侣能够在三者上完全“达标”。

事实上，一个男生喜欢一个女生的时候往往是胆怯的，他只敢于拿出自己认为最完美最擅长的一个部分给她看。

如果这个女生认为自己没有得到他的全部，并不一定是因为他不愿意给，很可能只是因为，他对自己还没有足够的信心。

另一个事实是，要求每一个男生，都执行同一套“喜欢”的标准，不仅有点强人所难，也非常危险——如果哪个男生能够滴水不漏面面俱到地完成所有的标准，他有可能经历过不计其数的女生，是个情场高手。

我们总是顶着一些社会头衔去和人相处。就像一些女生曾经在和男生发生关系之前问过“我们是什么关系？”这样的问题。是的，不少男生会控制不住冲动强迫自己答应和她们谈恋爱。但这往往只是冲动的表现，当他冷静下来所谓的“恋人”关系会瞬间破灭。

我在教学这么多年来，无数次强调大家不要去纠结两人之间的社会头衔是什么，那真的不重要。也许今天是“恋人”，明天可能就会变成“路人”；现在是朋友，一个电光火石就能变成情人。伴随着这些关系头衔的变化，我们更应该关注双方之间 L、A、S 这三个元素是如何变化的。

最终我们会发现，不管如何去定义两个人的关系，实质关系都由这 3 个元素决定。与其去纠结社会头衔，不如实实在在地抓住这 3 个元素。

7.6 场景六：稳定期，探索三元素的高级功能

当我把三元素的逻辑搞清楚之后，开始用它分析每一个案例。而更惊喜的事情是，通过三元素看到本质之后的那些精彩故事，一下子变得可以借鉴甚至是复制了。

7.6.1 欲望（L）的初级

我认识一个女生，每次和喜欢的男生约会总是穿7cm以上的高跟鞋。

她说，这是她向男生发起进攻和吸引的关键。

我曾以为她的意思就是像绝大多数女生那样，通过穿裙子、高跟鞋，把自己打扮得更精致来吸引男生的关注——当然，这也是正确的做法。

但我想错了，她每次都会穿着高跟鞋赴约，然后，无论是过马路，或者是上下台阶，再或者是路面不太平整的时候，她都会不好意思地笑笑，向男人伸出手——“抱歉，我的鞋子不太方便，能帮个忙吗？”

然后，她就会和男生顺理成章地产生肢体接触，可能是牵手，也可能是搭肩或者依偎在一起。

等到这段路走完了，男生可能会松开她的手。但是两个人已经发生过的身体接触就会让男人产生欲望和幻想。

她甚至告诉过我，有一次约会，两个人绝大部分时间都在车上，所以她几乎没有机会向男生求助，最终在下车时男生为她拉车门，她站起来，索性借着还没站稳的片刻摔倒在男生怀里。

两个人拥抱的姿势可能只维持了几秒钟，但就在那几秒钟所产生的脸红心跳和“化学反应”，也就完全足以构成两个人之间的欲望（L）了。

很多女生以为，“激发欲望”就是要让自己更漂亮、更性感，但其实那只是其中的一个方面，欲望（L）真正的核心，其实是一种“意识”。

就像是这个总是穿高跟鞋的女生，她就是借用“高跟鞋”这个道具，和男人达成肢体上的互动，让两个人之间的欲望开始蔓延。

7.6.2 欲望（L）的高级

你是否能够想象，你会主动向自己喜欢，却尚未确定关系的男人发起性邀约？主动向他表达“我想和你发生关系”的意愿？

相信大多数女生看到这里都会觉得简直是天方夜谭——但其实，如果操作得当，这就是激发欲望的“神操作”。

这是我年轻时候的一次亲身经历。

那时刚放假回家，一个认识没多久，也完全没有暧昧关系的女生突然在一个晚上发消息给我，简短的几个字——“要不要今晚来我这里睡？”

收到短信的我甚至是有点懵的，我完全难以想象她会这么开放，毫无缘由地突然就向我发起如此赤裸的邀请。

我告诉她我已经回老家了，有点事情要处理，等我处理完了立刻回学校和她联络。

之后在家的几天我已经开始心猿意马，时不时地就会想起她，期待着赶紧能回到学校，和她度过一个浪漫激情的夜晚。

终于，一个礼拜之后我刚坐上返程动车，就给她发了消息，“我晚上就回去了，要不要出来开房？”

可能度过了这一生最漫长的几分钟之后，她的回复来了：“对不起，我不是那样的人。”

我拿着手机简直有点不敢相信自己的眼睛——明明一个礼拜之前主动提出邀约的人是她，现在突然“翻脸”的人也是她。

这是怎么回事?

还没来得及仔细思索，她的下一条消息就发了过来：

“如果可以的话，我更希望我们从普通朋友的约会开始。”

我很难向你们形容我当时的感受，她用一种最直接，甚至最极端的方法把我一下子推到了“欲望”的顶端，又随后立刻浇灭了我的希望。但最后，她又为我留下了一扇虚掩的门。

在很短的时间内，我遭遇了情绪上的大起大落，内心充斥着对她的情欲，好奇，不甘，以及征服欲……

我想，从那一刻起，我已经开始对她产生兴趣了。

于是我回了她：“当然，应该的”。

7.6.3 氛围（A）的初级

我以前的一位男学员在群里说，他认识的一个女生最近刚分手，总是被前男友骚扰，于是向他提出希望他能扮演自己的男朋友，在一段时间内保护自己。

男学员其实对这个女生也有点好感，就问要不要借着给她当“托儿”的机会，想办法推进一下感情?

最后，他按女生的意愿赴约。可是当到了现场之后，女生接了个电话，说她前男友突然有急事，要很晚才能过来，不如改日再见。

于是出于补偿，女生请我这位男学员看了场电影。但毕竟男生不好意思让女生花钱，所以又请女生吃了饭。最后女生说："你这个男朋友，还挺像个男朋友的。"

就这样，两个人有了一次"难忘"的约会。

我给这位男学员的回复是，"如果你们之前就有暧昧迹象，十有八九那个'前男友'才是女生请来的'托儿'。她也在创造机会想和你更进一步呢。"

女生就找到心仪的男生求助，两个人的关系也就在这种"角色扮演"中逐渐升温，最终"假戏真做"。然后，他就会渐渐地把自己代入"男朋友"的身份。

前面讲过，两个人到底是什么关系看的不是社会头衔，而是"彼此到底在以什么状态相处"。那么在一段时间之后，男生就会自然地开始习惯这种"情侣"的氛围和相处模式，两个人的关系也就潜移默化地发生了微妙的改变。

7.6.4 氛围（A）的高级

男女生都在读大学，原本只是关系不错的朋友。在一次联欢活动前，女生去男生宿舍楼找男生排练节目，练到一半，女生突然想上厕所，但是这里没有女厕所，最近的教学楼也要横跨一个操场。

女生情急之下一把拉过男生，喝令他跑到走廊尽头的男厕所进去看看有没有人，如果没有人就在门口守几分钟，她好赶紧去"解决问题"。

男生只好有点紧张地帮女生在男厕所门口盯着，提心吊胆了好几分钟，女生才跑出来。

一时间两个人都有点尴尬，女孩拍着男生的肩膀说：“怎么样，这么刺激的事情不是天天都有吧，哈哈”。男生有点害羞，想到刚才的窘境，两个人忍不住笑出了声。

但之后，两个人的氛围就开始变得微妙了起来，没过多久就走到了一起。

这个事件的关键处在于，女生并不是“刻意”地去创造了一个“美妙”的氛围，相反，最初两个人所面临的事件是很尴尬，很羞于启齿的。

他们其实处在一个并不怎么美好的氛围中。但最重要的是，女生并没有让这个氛围就这么一直尴尬下去，她用一种“自然”的方式，把尴尬化解于无形了。

如果是两个人轻松舒适地相处，就像闺密和家人一样，那也是一种美好的氛围。

这个女生的高明之处就在于，当她面临尴尬和窘迫的时候，她就是用对待闺密的轻松感来对待男生的。

当女生不觉得尴尬和紧张的时候，双方就没必要尴尬紧张，当女生觉得双方已经很亲密的时候，也的确会不知不觉地亲密起来。

7.6.5 共鸣（S）的初级

最简单的共鸣方式，就是“寻找彼此的共同爱好”。而现在网络发达的程度，又为这一点提供了极大的便利。

可能很多女生都有类似的经历，喜欢一个男生的时候，就会把他的微博和朋友圈从头翻到尾，仔细研究他发过的每一条状态，想要了解他多一点。

其实，这就是一个和他“取得共鸣”的过程。

有些女生可能会更聪明一点，因为微信朋友圈这样的社交软件往往面对“大多数人”，所传达的信息有限，更多的有效信息，更可能会存在于小众、私密的 APP 里。

比如我的一位女学员，她喜欢的男生是一个文艺爱好者，她就第一时间查到了对方的豆瓣和网易云音乐账号，仔细看了男生收藏的所有歌单，研究了男生评论过的所有电影。

然后，她假装不经意地在朋友圈分享了男生喜欢的一首小众音乐，配的文字是男生喜欢的电影台词。

这当然成功地引起了男生的注意，他非常惊喜，这个女生居然有着和他这么类似的爱好。

于是他主动评论了她的朋友圈，两个人越聊越投机，还约好了一起去参加音乐节。在聊天的字里行间，男生俨然已经对她产生了强烈的共鸣，以至于把她当作了难得的“知音”。

7.6.6 共鸣（S）的高级

“你喜欢的东西恰好我也喜欢”，是共鸣的一种，也是比较常见的一种。它的核心在于两个人当下“契合”，情感“同步”，所以存在共鸣。

其实在此之上，还有更高阶的一种“共鸣”——当女生和男生在进行比较深度的交流时，发现双方存在明显的“不契合”，情感显然“不同步”，该怎么办？

比如两个人一起看一部爱情电影，女生被感动得泪流满面，男生却一脸冷漠，甚至非常不解。

可能大部分女生的第一反应就是不满和愤怒，觉得这个男生和自己根本不在一个“频道”，一点都不懂自己，两个人一定“不合适”。

但事实真的是这样吗？

如果两个人明显有好感，其他方面也比较合拍，仅仅因为某一个话题上的分歧，或者在一件事情上两个人态度不统一，就把对方“一票否决”，稍显草率。

我见过一个女生是这样处理的：

她和男友认识时间不长，男友也比较不善言辞，两个人交流得并不多。

有一次，两人一起看爱情电影，看到结局时她哭了，正想给男友一个拥抱时，男友非常冷淡地说，“这才多大点事，你怎么还哭了”？

那一刻她的确很不高兴，也很失望男友对她情绪的不理解。但她沉默了一会儿，还是擦干眼泪抱住了男友，轻声说：

“可能是吧，但我主要是想起以前发生过类似的事情，所以有点触景生情了。你觉得这都不算什么，一定是因为你经历过比电影里还要痛苦很多倍的事情吧？你愿意的话，讲给我听听好吗？”

就在那天，男友第一次把自己全部的感情经历都讲给了她，也第一次在她面前动情到流泪。他说，她是第一个真正关心他的情绪，想要了解他更多的女生，这让他感到无比地触动。

发现了吗？在这个故事里，是这个女生突破了男友的回避和防御，主动地达成了和男友之间的共鸣（S）。

而这才是“共鸣”更高的境界——事实上，任何两个人之间都是存在分歧的，并不是只有“你喜欢的东西我也喜欢”这样的“一拍即合”才算是“有共鸣”。

真正深刻的共鸣，是即使我不曾经历你所经历的事情，我不曾体验你所体验的情绪，但我依然愿意竭尽所能地去倾听和靠近你，设身处地地为你考虑，甚至把你的情绪暂时放在我自己之前。

这是最深刻的爱，也是最高明的智慧。

第八章

“三元素”的升华

恭喜你已经看到了最后一章，但我并不认为这本书是看一遍就完全能领悟的。尤其是对于完全没有恋爱经验的人来说，时不时拿出来翻翻，会解决不少的困惑。

本章的内容将继续围绕 L、A、S 展开，精进我们的恋爱能力。

8.1 爱情是一道几何题，由点到面

就像我在第一章提到的，如果我们可以熟练地运用迷恋三元素，就可以随时随地的和异性制造感觉。

8.1.1 三元素互相作用

综合欲望、氛围、共鸣这三个元素来看，任何一个元素的产生，都可以影响到另外两个元素。

这是一个由点到面的过程，先从最容易的那个元素切入，然后和男生碰撞出另外两个元素，接着后面就好办了。

我想继续第六章当中提到的“三元素交替发生”这个概念，继续来解释一下一个元素是如何带动另外一个元素的。

我们来看一个在男女交往中很常见的场景：

当男生和女生并排走在路上互相取闹、互开玩笑的时候，这是一个氛围（A）被激发的时刻。因为双方的情绪都非常放松，女生很可能会下意识地给男生一个“粉拳”。而这就产生了肢体触碰，男生很可能因为防御而不得不抓住女生的手。在这种玩笑性质的肢体接触当中，欲望（L）就产生了。于是你们产生了第一次牵手。

这是典型的因为氛围（A）的产生，而带动了欲望（L）。

反过来，欲望（L）也可以带动氛围。

有一次，我在地铁上主动牵了一个心仪女生的手，她并没有反抗。于是，这个时候欲望（L）由产生变得强烈了。但是有一点点尴尬，我还在寻思着要说点什么来打破这种尴尬的时候，她先开口说了句“到底是你紧张还是我紧张？手都出汗了。”也正是因为这句调侃的话，我们瞬间都笑了。这个时候，氛围（A）就产生了。

再比如，共鸣也可以带动欲望或是氛围。

在影视作品和生活中，我们都能经常看见这样的桥段。男生女生互诉衷肠，在一个能量级低的负面情绪里，聊着各自的弱点和不堪。在这一刻，仿佛这一对男女就是世界上最悲惨的两个人。于是产生一个极其强烈的共鸣，当下两个人都觉得对方很懂自己，同时自己也很懂对方。于是很容易发生类似拥抱的肢体接触。而这种肢体接触，又可能会激发两个人更深一层的欲望，产生更亲密的行为。

这一带动过程实际上就是一个由点到面的过程。通常来说，它都是线性的。

8.1.2 两个意外

当然也会有两种极端情况：

第一种情况，一个元素的切入同时带动了另外两个元素；

第二种情况，因为某些原因，没能够激发第二个元素。

拿 8.1.1 中最后一个例子，我们继续延伸一下。

男生和女生因为互诉衷肠，达成了共鸣。在双方拥抱后，又激发了欲望（L）。为了调节气氛，男生或是女生主动提出一起去嗨一下，于是两人来到了酒吧，并且玩得很开心。

这就是因为共鸣（S）的产生，先后在很短的时间里面，激发了欲望和氛围。

我们再来看看第二种极端情况。

男生和女生互诉衷肠，达成了共鸣。但在这个时候。某人的电话响了，他/她现在不得不离开。于是约会终止，元素破灭。

当然，即使出现这种状况，也不用太担心。因为迷恋三元素的核心原则就是——在任何时刻去观察捕捉，是否有可能激发三个元素中的任何一个。无论是哪个元素，对双方的关系都有促进作用。

所以，如果这次不行，下次继续努力就好。

当一个女生和一个男生接触，两个人所经历的事情，如果都围绕着激发这三个元素，那么双方的进展就会很快。相反，如果两个人之间做了太多的“无用功”，那么双方达成恋爱关系的时间就会被拉长，也会增加一些不确定性，甚至会有别的竞争者捷足先登。

8.2 赢得男人的“长择”才是上策

我在市面上看到非常多的“情感教科书”，都提到过两个概念，“长择”和“短择”。

就是说对于男生而言，同样是追求女生，有些女生是认真恋爱，考虑结婚进入长期关系，即长择；有些女生则想在短期关系中多待一段时间，即短择。

8.2.1 暴露是原罪？

因为男女择偶策略的不同，几乎所有女生都不愿意被自己喜欢的男生“短择”，有些情感作者抓住了女性对于“短择”的焦虑，对女生们提出各种各样的建议，让她们吸引到“长择”她们的男生。

这一点上我非常理解也很赞同，但是有些建议我不太认同。比如：

不要衣着暴露浓妆艳抹，否则男人会“短择”你；

不要经常出入酒吧夜店，不要有太多异性朋友，否则男人会“短择”你；

不要谈太多恋爱，否则男人会“短择”你；

甚至有情感博主专门让女生应该打扮的“乖巧”一点，也就是让男生觉得你是个乖乖女，让男生有“安全感”。

…………

无论男人女人，大家都喜欢忠诚专一的伴侣，都想打造一个更有安全感的“二人世界”。

但她们不能单纯地认为，被“短择”的女人，一定是在欲望（L）层面出了问题。

假设这样一个场景：

一个女生和一个男生一直是“哥们儿”式的关系，经常一起喝酒撸串打游戏，只是单纯地玩得好，开心自在。

直到有一次，其中有一方失恋了，两个人一起吃饭“吐槽”，聊到一半，男生 / 女生突然冒出一句“要不我们在一起试试呗？”

女生 / 男生想了想，反正都这么熟悉了，说不定谈恋爱也不错，就决定试试看，不合适大不了重新做回哥们儿。

这个时候，男生和女生之间其实还没有建立足够的“性吸引”，只是氛围（A）不错，“欲望”还没有来得及激发，对方更不可能会觉得对方就一定不合适。

一味地在欲望（L）层面下功夫，甚至通过“不激发欲望”的方式来规避“短择”，根本没有触及问题的本质。

8.2.2 共鸣（S）才是核心

在揭开“长择”和“短择”的本质之前，先明确两个前提：

第一，会存在这种问题的男生，一定是“有选择权”的。“光棍村”里的低价值男人只要能娶到老婆就不错了，他们对任何女性都是“长择”，他们显然不是女生择偶的对象，也不在我们的讨论范围内。

第二，就像我们讨论三元素的前提一样，想要恋爱的双方至少不能有太大的价值差异。即使感情很深，也根本无从谈起“长择”。

明确了这两个前提之后，我来讲一个真实的故事。

我曾经有过一个女朋友，清纯漂亮，没有谈过恋爱，很多事情都不懂，为数不多的爱好除了购物就是做饭。

看上去，这样的女生非常符合情感博主所说的“长择”标准——事实上，最初我也真的这么想过。

但后来我忙于创业，每天都在认识不同的人，接触全新的东西，而她依然还停留在校园里。我的事情她都听不懂，她的话题永远都是翻来覆去的那几件事——口红、偶像剧、网红店。

当我在为一篇稿子或者一个咨询案例焦头烂额的时候，她还在缠着我帮她挑衣服，让我夸她做的小饼干好吃，我逐渐开始意识到，我没有办法和她长久地在一起，因为我和她实在无话可说。

尽管她依然漂亮单纯，但这一切都无法让我对她“长择”了。

后来我认识了另一个女生。说实话，这个女生不如前面那个女生漂亮，也没有她那种清纯可爱的气质，还比我大了六岁，而且我们认识没几天，就因为一起去了酒吧而发生了关系。

看上去，她也非常符合情感博主所说的“短择”标准。

但她是我迄今为止，唯一想对她“长择”的人。因为我和她“聊得来”。

我们吐槽创业的苦恼就能聊很久，而且我们的感情观也很相似，聊起理想的婚姻和爱情时总会有“一拍即合”的愉悦感。总之，和她聊天我永远不会觉得乏味和疲倦，因为我知道，她能够理解我。

在这个时候，她是不是清纯甜美，是不是谈过很多恋爱，都已经没那么重要了，我想要和她结婚，因为我由衷地希望能够永远拥有一个能聊天，能互相懂得的人。

随着时间的流逝，两个人的“欲望”总会逐渐消退，也不可能永远处在嬉笑打闹的“氛围”中，一辈子靠“玩得开心”支撑你们的关系。

但只有精神层面的“共鸣”，不会被时间打败。

所以，是否存在共鸣（S），才是两个人能够彼此“长择”的根本因素。

8.3 让男人只对你用情专一

夏娃被蛇诱惑吃禁果，因为觉得太美味，叫来亚当一起吃。后来上帝发现了，责问亚当。亚当知道瞒不过去，只得承认了，接着他又辩解道：不过那不是我自己要吃的，那是你赐给我的女人送给我吃的。她把那树上的果子给我，我就吃了。

8.3.1 男人的症结

先来看我一位女学员的案例：

她说：“他（男友）在网上认识了一个女生，那个女生身材好又比较开放，总在朋友圈晒性感的照片。他们倒是不在一个城市，估计没有发生亲密关系，但是他会给她的照片点赞，还叫她女神，我真的是没办法接受——这也算出轨的，对吧？”

其实这算不算出轨不重要，但我知道，这对于大多数女生来说都是很难容忍的一件事情。男朋友即使没有和其他女人发生实质性的关系，也很容易成为两个人的关系中难以拔除的一根刺，可能看不到血也没有伤到筋骨，但依然让你翻来覆去地刺痛。

对于这种言语上的亲密，很多女生也表示完全不能理解。到底是什么能让那么多男人醉心其中，即使有了女朋友还乐此不疲？

能够令人产生“感觉”乃至“爱意”的元素分别是欲望、氛围和共鸣，而男人的这种“亲密聊”，也和这三种元素密不可分。

8.3.2 男人的辩解

欲望——“我聊天、给直播女神打赏，但我知道我是个好男人”

文章一开始，我的女学员面对的问题，就属于这个类别——比如男生收集女生的性感美照，或者去直播平台给那些穿着挑逗的女主播留言示好。

在女生眼里，这种行为可能非常恶劣和猥琐，男生却不一定这么认为。一旦这样的行为被女朋友发现时，他们最常用的说辞就是“我又没真的做什么，只是聊聊天看两眼都不行？”

但他们不知道，他们的行为不仅是“出轨”的苗头，也很容易让女朋友怀疑自己的吸引力，对女生的伤害非常严重。

氛围——“我们只是好朋友聊得开心而已，你凭什么干涉我正常社交？”

人都需要朋友，无论是同性还是异性，这无可厚非。尤其是男人的世界里，总有些不方便和女朋友说的事情，需要朋友来倾听。

但是有些男人会把“朋友”和“女朋友”的身份本末倒置，在女朋友面前无话可说总是“想静静”，随便认识一个女网友却能天南地北扯一晚上，这就已经完全不属于“正常社交”的范畴了。

当他们认为这种聊天只不过是普通朋友之间的相谈甚欢时，却没有意识到，很多的恋爱关系都是从朋友开始的，如果一味贪图和异性朋友的相处氛围（A），而丢掉了必要的边界感，终归会带来不可控的后果。

共鸣——“她脆弱无助需要我，从她那里我也能得到情感满足”

这种男人通常是大众眼中的“暖男”，如果你是他的朋友，他会让你如沐春风，但一旦你成为他的女朋友，就会发现他其实是一台24小时不断电的“中央空调”，随时随地播撒爱。

比如：高中女同学失恋了，他赶紧打电话安慰；女同事工作不顺，他帮忙解决问题还要补上几个亲密的表情；前女友心情不好，他就更“义不容辞”要去哄她……

这种行为看上去很无私，其实也是利己的——他们付出几句甜言蜜语，却能获得某种情感上的共鸣（S），得到“所有女人都需要我”的巨大满足感。

除此之外，还有很多的聊天行为是某两个元素的结合。

8.3.3 如何避免男人“亲密聊”

正确的做法不是等到事情已经发生了再去解决和弥补，而是从一开始就尽可能地绕过这个问题。

首先要明确这样一个事实：追求欲望、氛围和共鸣的三元素是人的本性，在恋爱的新鲜感消退之后，或者对恋爱关系不够满意时向外寻找也是一种本能。一个人的心智成熟程度，决定了他是否能够战胜这种本能来维护现有的感情。

上大学的时候我有一个关系很好的女生朋友，她非常柔弱也不太懂人情世故，遇到事情总是会向我求助，而当时的我只要接到她的电话就会有一种莫名的“使命感”，忍不住想要为她解决所有的麻烦。

那时候我是有女朋友的，女朋友一直认为我和她的关系已经“越界”。我坚持说我只是在给好朋友帮忙，甚至认为女朋友没有同情心，不知道那个女生有多无助。

可我没想到的是，那位女性朋友向我表白了——她说我每次及时出现在她身边给她安慰和帮助的时候，都令她心动。

我有心动吗？说实话，有的。就像我在第 4 章里说过，“主动”是能够激发欲望的。虽然我没有答应她的表白，但是我们后来的关系变得非常尴尬。我试图把她当作朋友看待，可往往做不到，因为只要看到她，我就知道她是喜欢我的。所以我们渐渐不联系，直到完全不说话。

很长一段时间我不能理解这件事，但现在我明白，出现问题的是我自己，是我对边界感的模糊，让我伤害了喜欢我的人，也失去了友谊。

直到现在我依然有非常多的女性朋友，我也同样珍惜和她们的关系，但我已经不会再为她们做超过普通朋友界限的事情，我们任何一方处于非单身状态时，也会自然地适当拉远关系——事实上，这并没有让我们更疏远，反而让我们的友谊更牢固，也让我们的恋人都更有安全感。

8.3.4 别人能给的，你也要能给

一段完美的恋爱关系是 L、A、S 三元素的组合，三者缺一不可，但在不同的男人心里，这三者所占的比重是不一样的。

有的男人对欲望（L）的要求比较高，不能忍受长期相处中的平淡无味，需要新鲜感的持续刺激；

有的男人更渴望良好的相处氛围（A），希望两个人能够一直像“最佳拍档”一样，共同发现生活中的新趣味；

也有的男人无法抵御情感上的共鸣（S），他们需要深度的情感连接，需要你始终懂他，需要时刻感觉到你们“足够相爱”。

时常问问自己：你是否懂他？你是否懂得这段感情中，他最需要的是什么？

如果只有你能完全地了解你的男朋友，完全地看到他在恋爱中的核心需求和真实渴望时，你对他而言将不仅是一个优秀的女朋友，更是一个不可取代的灵魂伴侣。

没有人比你更能够给予他最优质的相处体验时，所谓的出轨和“亲密聊”，也就都不攻自破了。

8.4 钱的诱惑，会影响三元素的发挥吗

当大家看到这个标题时，可能会想，钱这么诱人的东西，怎么会没有吸引力呢？

没错，钱确实有吸引力。但我们现在并不是要获得“钱”，而是获得“人”。所以来看看吧，为什么“有钱”不构成吸引力。

8.4.1 有钱人不一定只有钱

在我只有二十岁，还在读书的时候，我和我身边的很多同龄男生都曾面临过一种窘迫：

我们喜欢的女孩子总是对我们视而不见，一边婉拒我们说“现在不想谈恋爱”，一边分分钟在朋友圈晒出和异性吃饭旅游的照片，以及这些人送给她们的昂贵的礼物。

曾经有个室友和我讨论过，是不是男人有钱就能得到女人的心了？

那时候，他追了小半年的女孩刚刚和一个有钱的男生开始交往，这个人能为她一掷千金，在她生日的时候带她去日本旅游，而我的室友家境普通囊中羞涩，请女孩吃一次大餐都得回来吃小半个月的泡面。

我知道他不甘心，我知道，很多男人，包括以前的我，都有这种不甘心。

我们都曾经幻想过，如果有一天我们也有了钱，就能摇身一变，变成女生们趋之若鹜的“男神”，让曾经对我们不屑一顾的“女神”刮目相看。

现在想起来实在是很幼稚——就像我那位室友怎么都不愿意承认，他追求的女孩交往的那个男生，除了有钱之外，长得也帅，会逗女孩子开心，在国外留了好几年学……这样的男生被女孩子喜欢实在是太正常了。

8.4.2 身外之物

很多年龄比较小，心态也不成熟的人都没有办法破除这个误区：

钱是个很好的东西，是恋爱和婚姻当中必不可少的部分，甚至不乏有的人就是愿意为了钱，和一个他们原本毫无感觉的人共度一生。但是，钱不构成“吸引力”本身。

两性之间的吸引力，都可以被归纳到欲望（L）、氛围（A）、共鸣（S）三种元素。其他的一切，都最多只能作为辅助的“手段”——也就是说，它们只能拿来帮你“制造”这三种元素。

比如钱。“有钱”本身是吸引力吗？你可以想象一下，一个相貌丑陋举止粗俗的老男人，坐在一幢豪宅里，手边放着堆积如山的钱币，并且这一切都的确是他所拥有的，你会产生什么感觉？

也许你会对豪宅产生兴趣，也许你会觉得那堆钱很诱人，也许你甚至会考虑要不要为了这些财富而委身于老男人。

但是，你会因此觉得，这个老男人本身，变得有魅力，变得让你心动了吗？

这种情况，有吸引力的，是“这个男人手里的钱”，而不是“这个有钱的男人”。

我们经常说有些人“穷得只剩下钱”，就是在说这样的一类人。他们可能会因为能提供物质上的供养而不缺乏异性资源，但本质上，他们依然是“没有吸引力”的，没有人会喜欢上他们本人。

但同时，要承认的一点是，“有钱”这个优势如果用得好，非常容易在两性相处中“制造”出三元素来。

举个最简单的例子，一个女人如果有钱，就可以买到更好看的衣服，更方便地修饰自己的外形，从而让自己变得更有性吸引力，更容易让男人产生欲望（L）；或者一个男人如果有钱，就可以带女生到处吃吃玩玩，让女生在约会中有更丰富的情绪体验，两个人也就随之有了更好的氛围（A）。

再说到前面那个有钱男生的例子：

他外形不错，可能就是因为有钱所以更容易拥有好的衣品；他留过学，懂得很多有趣的东西，背后也一定有经济实力的支撑；他和女生相处让人如沐春风，多半也是因为物质不匮乏所以更有自信……

他们的魅力，看上去和“有钱”无关，但又好像有着千丝万缕的联系。

核心区别在于，真正的“吸引力”不是把“有钱”当作标签贴在身上，而是把“钱”当作工具，用在自己或者两个人的相处上，中间多了一个非常重要的“转化”的过程。

或许最初用到的是“钱”，但最终吸引到对方，让两个人之间产生“化学反应”的，依然是三种元素。

8.4.3 没钱怎么办?

无论男人还是女人，都最好让自己多赚一点钱，也尽可能多培养一些赚钱的技能。有情也不可能饮水饱，在长期相处当中，物质保障永远都是必不可少的，并且也可以提升我们的成长速度。这是我非常赞同的。

同时，就像我在前面提到的那样，物质上比较宽裕的人往往有更多的手段来制造吸引力，最大限度地发挥自身的优势。

但是，如果你现在经济实力一般，也不能因此就觉得，你好像比那些有钱人就低了一等，他们拥有的魅力你就不配拥有，他们能得到的爱情你就得不到。

归根结底也无非是，他们用钱能够制造出来的吸引力，你得想想别的办法而已，或者是花更少的钱，来获得更大的效果。

如果你真的认为自己不如那些有钱人有吸引力，反而是用“自己没

有钱”这件事情为自己设置了一个不可逾越的障碍。

没有钱，所以你觉得自卑，于是不好意思展现自己的魅力，无法让人产生接近的欲望；觉得自己没有钱，所以变得紧张，你不敢和对方自如地谈笑风生，于是只能让人觉得和你相处氛围尴尬；觉得自己没有钱，所以你敏感，拒绝对人敞开心扉，怕遭到嘲笑，于是无法和人交换心事，达成灵魂共鸣……

让你变得毫无魅力的不是你“没有钱”的“事实”，而是“认定自己没有钱就没有魅力”的“思维定势”。

经济学家薛兆丰说过一段话，“贫”和“穷”其实是两个词，“贫”代表当下的经济状况不佳，而“穷”在汉语中则有“尽头”的意思，代表的是一种“已经看到结局”的绝望感。

我们当下可能是“贫”的，因为还没有到获取财富的年纪，或者尚未拥有获取财富的能力和机遇。

但是，别擅自判定了自己的“穷”，更别因此就扼杀了自己的希望。

8.5 爱情里最珍贵的是彼此间的付出和服务

如果你爱上了一个男人，一定是因为他让你产生了欲望（L），或者你们有良好的相处氛围（A），再或者你们有“心意相通”的共鸣感（S）。

而同时，如果你想要让一个人爱上你，你所做的一切都应该围绕着“激发欲望”“制造氛围”和“引起共鸣”这三件事来完成。但，除此之外还有一件事。

8.5.1 服务

有个女生对我说，“我和现在的男朋友在一起，是我觉得他对我特别好，追我的时候会每天接送我上下班，我想喝一种‘网红’奶茶他就排队两个小时给我买，还会在人来人往的大街上给我系鞋带……因为被他感动了，所以喜欢上了他”。

也有个女生说，她最近在相亲，几乎每个相亲对象都跟她说，自己并不需要女朋友或者未来老婆多漂亮多聪明，主要还是“人好”“顾家”，要“会照顾人”。

所以，除了L、A、S之外，“对一个人好”也可以制造感觉和爱情。

其实她们说的“对一个人好”，可以概括为“提供服务”。

对心上人说早安晚安，给她送爱心便当，在她生病的时候端茶倒水等等，这些都属于“服务”。

我们看到的很多影视文学作品里也会提到，当追求的一方竭尽所能且持之以恒地提供“服务”时，被追求的一方会开始“感动”，觉得“暖心”，从而对追求者产生好感。

同时，即使你喜欢的人相貌出众，风趣幽默，能和你彻夜长谈，但他平时对你不闻不问，在你需要帮助和照顾的时候从未伸出援手，你可能也会很快感到寒心，难以继续喜欢他。

从这个角度说，“服务”似乎应该成为 LAS 之外的“第四元素”。但真的是吗？

我们先来试想一下第一个女生说的，她因为男朋友“对她好”而开始一段感情。我知道，很多女生都和她抱有相似的念头，时常期待着有一个宠爱自己，无微不至对自己好的男人，认为这样开始的恋情才会幸福长久。

但一个事实是，当女生们期待“男朋友对自己好”的时候，她们往往期待的是长得好看的男人对自己好。

如果换成相貌猥琐，谈吐低俗的男人，对女生再好，也不大可能有女生觉得“幸福”和“期待”吧。

事实上，那个女生也承认，她的男友并不是让她完全没有“心动”和“感觉”，只不过不是她期待的那种强烈程度而已。

同样，当男人表达“女朋友不需要多么漂亮聪明，主要还是要会照顾人”的时候，他们想象的也不可能是只有小学文化，和自己毫无共同语言，还长得丑陋一样的女人照顾他们。

他们所谓的“不需要多么漂亮聪明”，本质上依然隐含着对于性吸引力和相处体验的要求。

也许“会提供服务”可以让他们把要求“适当降低”，但绝不会让原有的要求“清零”。

8.5.2 作用不同，但同样重要

人性都是自私和利己的，当我们表达“不求对方多么优秀，只需要Ta对我好”的时候，其实已经不自觉地在心里预设了一条“标准线”——你可以不“优秀”，但至少要过线，要“及格”。

这条“标准线”从何而来呢？

至少不能太丑，不能太无聊，不能情商太低，不能三观完全不合……归根结底，依然是欲望（L）、氛围（A）和共鸣（S）上的要求。

回想一下，你生命中有让你毫无感觉，甚至有点厌烦的追求者吗？如果有，不管他/她对你嘘寒问暖，也愿意经常接送和陪伴你，也想请你吃饭，送你小礼物……你一定是不喜欢的。

不得不承认，当一个人无法通过L、A、S三元素让你产生“初始好感”的时候，他提供的服务，就是这样不值一提的。

我们每个人都希望别人“对自己好”，但我们没有说出口的话是，我们希望的，是我们喜欢的，对我们存在吸引力的人对我们好。

这就是为什么“服务”无法与“L、A、S”并列为元素的原因。但它可以成为一个如虎添翼的“加分项”。

如果男女双方原本的三种元素存在严重的不足，一味地“提供服务”可能无法弥补这种缺失，但是，如果彼此之间已经存在了欲望、氛围和共鸣，又都愿意对对方好，为对方提供服务，那感情就会比那些“服务”元素不足的情侣要稳定和融洽得多。

更重要的是，当两个人相处了很长一段时间，感情趋于稳定之后，“提供服务”的意义会变得愈发重要，甚至超过最初起到决定性作用的三个元素。毕竟三元素只负责制造感觉和好感，想要长期维持感情，还

需要其他辅助项。

有一句话说，几乎所有的爱情到最后都会转变为亲情。而亲情的本质，就是“服务”。一个不懂何为血缘，也不懂 DNA 传递的孩子，拿什么来判断谁是“亲人”？

很简单，对他最关心最体贴，每天变着花样为他做饭，晚上讲枕边故事哄他睡觉的人，就是亲人。

如果一个孩子从小被父母遗弃，在孤儿院长大或者被其他人收养，即使他的身体里流着生父生母的血，但对他来说，生父生母就是完全的陌生人。

他们不曾在孩子成长的过程中投入任何心血，也不曾为这个孩子提供过任何服务和帮助，他们之间根本无从谈起“亲情”。

在这个孩子眼里，抚养他的人，才是他真正的“亲人”。

爱情走到了最后，也一样。

当一对恋人相濡以沫了很多年之后，拿什么判断双方依然相爱？多半已经不再是情欲上的冲动。

更有可能的是，一方在深夜咳嗽了一声，另一方会立刻起身给对方拿药和端水。在随口念叨了一句想吃 Ta 做的饭，Ta 也会提前下班下厨忙活一个多小时做家常菜。

在这种时候，彼此的付出和服务，就会成为爱情里最珍贵的东西。

8.6 知道了通往幸福的捷径，一定要坚持下去

有一群羚羊开会，研究怎样应对狮子的袭击。一只被认为聪明的羚羊提出，给狮子的脖子上挂一个铃铛。这样，狮子行走的时候，铃铛就会响，听到铃声的羚羊不就可以及时跑掉了吗？

大家都公认这是一个好主意。可是，由谁去给狮子挂铃铛呢？怎样才能挂得上呢？这些问题一提出，羚羊都哑口无言了。

8.6.1 “做不到”的那些人

有人问过我，有没有哪种学员会让我比较反感，或者学员提出什么样的问题和需求会让我觉得为难？

说实话，有一种学员，我真的会有点对她们恨铁不成钢。

比如一个找我咨询的女生，她说快到年底了，她这一年又没有找到男朋友，年龄越来越大，她也越来越焦虑，希望我能给她帮帮忙，教她怎么拓展社交圈。

我建议她根据自己的择偶标准多参加相应的聚会，也可以多在网络上加入兴趣社群。我也告诉她，拓展社交圈不是“最终目的”，所以最重要的是把每一次在社交圈“曝光”的机会都用好，稳准狠地找到符合

自己要求的男生，然后迅速行动。

她说，道理我都懂，但我就是没时间没精力去做这些事情啊，觉得太麻烦了才来找你帮忙的。

坦白说，我当时有点生气。如果这个女生不了解男生的心理，我可以一遍遍讲给她；如果她不懂得和男人相处的具体操作，我可以手把手教她；甚至，如果她缺乏勇气和信心，我也可以鼓励和安慰她；

但是，道理她都懂了，也知道怎么做才是好的，就是没有去做，我怎么帮呢？

8.6.2 希望你真的懂了

举个很简单的例子，早睡早起对身体好，这个道理我们从小听到大，我想没有什么人"不懂"。

那为什么还有那么多人经常熬夜甚至通宵？

首先，在相当一部分人眼里，"早睡早起身体好"只是一个"客观概念"，我们听多了，就下意识地认为它是对的。

但如果再继续思考，为什么早睡早起对身体好？好在哪里？很有可能会发现，这些问题我们压根就没想过。

那怎么能说，我们真的"懂"早睡早起的好处呢？

就算查阅了文献资料，搞清楚早睡早起到底对身体好在哪里，如果没有去这么"做"，没有"亲自体验"过早睡早起之后皮肤变得有光泽，精力更加充沛，心情更加愉快等所有的好处，依然不可能完全"懂得"早睡早起的好处。

放在恋爱当中也是一样的。

多参与社交，认识更多的人，有利于"脱单"。这个概念看上去也没几个人会"不懂"。

但是，认识什么样的人有利于脱单？去哪里能认识这样的人？认识了之后该怎么更进一步完成“脱单”的目标？

这些问题，同样不是每个人都思考过，都能想清楚的。

更重要的是，即使你看了无数的情感攻略，搞清楚了这一系列问题的答案，你最终要做的，还是真正地去“社交”，去“认识人”，去“脱单”。

真正的“懂”，一定是在“实践”的过程中，用“道理”来指导“行为”。

并且，在“亲自体验”过这个道理所带来的好处之后，更加认同和相信这个道理，继续用它指导自己的更多行为。

更早的时候我也接到过咨询，是一个女生想要接近自己心仪的男生，我根据两个人的性格和当下关系帮她制定了详细的方案，她看完之后说：

“这些我都懂，但我就怕自己做不好，老师我能把我的账号给你，你帮我和他聊吗？”

我能够理解，很多人来关注我的公众号，或者报名我的课程，或多或少是抱着想要找一个“捷径”的目的。

我不会说我拒绝提供“捷径”，因为事实上，我现在做的这件事情就是在尽可能地构建这条捷径。

这本书可以帮助两性经验比较少的女生“提高效率”“少走弯路”，这本身就是我尽自己的能力，给你的“捷径”。

但大家一定要明白，最“高效”，最“便捷”的方法一定是当想要恋爱的你看到了那条“捷径”怎么走的时候，别犹豫，别拖延，别东张西望——走就是了。

很多女生所说的，“道理我都懂，就是做不到”，其实就像是她们手里拿了一张详尽的地图，站在起点，觉得这条路上该拐几个弯该避开哪些坑自己都清楚。

然后，她们就一直站在起点的位置，死活不迈出第一步，说自己会走，但就是走不动，非得别人陪着走，甚至替她走不可。

而我，可以帮你规划好路线，探索好沿途的风险，立好每一个交叉路口的指示牌。但我唯独不能代替你去做的，就是替你走完这段路。

后记

我想对你说：

电影《后会无期》里有过一句脍炙人口的台词：听了很多道理，还是过不好这一生。

这句话之所以流传度很高，就是因为它讲出来的是一个普遍现象——一个道理，从“听到”到“听懂”，到“学会”，再到“利用它过好自己的一生”之间，隔着无数道鸿沟。绝大多数人，可能一辈子都没有办法走到最后一步。

这也是为什么很多人，女孩子在学习了一些情感知识之后，指导别人的感情非常擅长，但是一旦遇到自己的问题就会重新变得束手无策，或者平时还能吸引一些爱慕者，但是只要遇到自己真心喜欢的男生，依然手足无措。

其实她们只缺乏一个步骤，就是“运用”。

女生和男生在情感上面对的核心问题是不一样的。

相当一部分男生对爱情真的是没什么概念，对女生这个群体也完全一无所知，他们需要很多基础知识的铺垫，需要很多具体的方法指导。

但是女生完全不一样，一方面女生的情绪感知力和社交直觉本身就比男生强很多，另一方面绝大多数女生从小就对爱情更敏感一些——从小学期间就能看出来，十岁左右的男孩子可能还在通过捉弄女生来表达兴趣的时候，同龄的女孩子很多已经开始偷偷地看爱情小说了。

对待爱情，女生本来就懂得更多一些的道理。

此外，大多数男生一旦在情感上的学习有了一点心得和进步之后，他们就会立刻投入实践，比如去认识新的女孩子，比如和目前喜欢的女生推进关系，或者用在经营和女朋友的感情上面。

即使这个过程他们还是有可能碰壁，但是每一次的实践，都会让他们更快地成长起来，所以我会经常看到，一个本来是情感小白的男生在几个月之内就发生了脱胎换骨的变化。

但是，也许是因为怯懦，也许是因为谨慎，也许还有什么其他的顾虑，很多女生即使听了再多的方法和道理，却缺乏“着手去做”的应用意识。

她们熟读了上百句不同风格的开场白，却不敢对自己的意中人微笑一下。

“着手去做”到底有多重要呢？

每个人在学生时代都一定听过纸上谈兵的故事，著名将军赵奢的儿子赵括自幼熟练掌握所有兵法，但第一次上阵带兵不仅一败涂地，甚至弄丢了自己的性命。

原因很简单，战略和兵法即使再正确，也无法囊括到所有的状况，而真枪实弹的战斗中，最多的就是形形色色的突发事件。

能看懂和背过方法的人很多，但是能灵活运用来解决实际发生的事情，则需要无数次的练习，实战，甚至试错。

情场如战场，在这一点上，它们异曲同工。

在最初开始运用自己学到的方法和道理时，大部分女孩子可能会遇到的第一个坎，就是不自然。

“我总觉得自己做的很多事情都有点假，让我觉得很别扭，也很担心被对方看穿。”这是不少女生初次约会之后给我的反馈。

这我完全可以理解。

有一个女生跟我说，她知道自己化了妆之后会更好看，但是她不太喜欢这样的自己。我反问她，你的意思是你不喜欢更漂亮的自己吗？

其实这个对话还有后半段。

女生说，她不是不喜欢更漂亮的自己，而是她觉得这种漂亮是不自然的，是不属于自己的，甚至感觉好像贴了一个假的面具在自己脸上。

我从网络上随便搜索了一个女明星的写真和"素颜照"拿给她看，问她，在她的印象中，这个女明星应该是写真里的样子，还是素颜照上的样子？

显然，大部分观众都会认为，女明星就是写真里的样子，即使那是经过化妆和精修的结果。

这正是因为，女明星的日常都是精心化妆打扮的，对她们来说，让自己以最美的状态出现在公众面前是一种"必须长期保持的状态"。

并且有趣的是，当她们稳定频繁地以这种状态示人之后，即使被爆出素颜照，公众也会认为这些不够好看的照片是"偶然"的，而精修的写真和杂志封面才是她们的"真实"和"常态"。

练习和运用情感技巧也是同样的道理——真正的"情场高手"也应该是一种"状态"，可能最初培养这种状态会有一点"不自然"，但是在你克服这种不自然，并且长期保持这一状态之后，这就会成为你最自然和放松的样子。

在男人的眼里，你就是浑然天成的魅力女人。

其实，想要运用好学到的道理，从而让它为自己的情感乃至人生服务，无非需要两步。

第一步是"内化"，就是让这些道理和知识，完全成为自己思想意识里的一部分。

这需要足够相信自己本身的魅力和学习能力，也需要足够接纳自己在这个过程中发现的变化——这些变化可能最初会让你困惑，但终有一天，会让你惊喜。

第二步是"外化"，就是让自己懂得的知识和掌握的技巧，在言谈举止中散发出来。

这需要大量的刻意练习，也需要反复总结经验自我提高，甚至在受到挫折之后进行反思。这不是一个轻松的过程，但一定是无法绕开的必经之路。

只要你愿意沿着这条路一直走下去，总有一天，你会将你学到的一切都融会贯通，你的魅力会在举手投足之间散发出来，你甚至会在探索的过程中找到真正适合自己的风格和道路，拥有独一无二又令人不可抗拒的气质。你所听过的一切道理，最终都会货真价实地影响你的爱情和人生。

最后，希望这本书能够给大家的情感生活提供哪怕一点点的帮助。也祝正在看这本书的你幸福美满。

源靖